新時代を生き抜く24の思考・行動様式

NEWTYPE
ニュータイプの時代

山口 周
Yamaguchi Shu

ダイヤモンド社

はじめに

「20世紀的優秀さ」の終焉

本書のメッセージをまとめれば、次のようになります。

20世紀の後半から21世紀の初頭にかけて高く評価されてきた、従順で、論理的で、勤勉で、責任感の強い、いわゆる「優秀な人材」は、今後**「オールドタイプ」**として急速に価値を失っていくことになるでしょう。

一方、このようなオールドタイプに対置される、自由で、直感的で、わがままで、好奇心の強い人材＝**「ニュータイプ」**が、今後は大きな価値を生み出し、評価され、本質的な意味での「豊かな人生」を送ることになるでしょう。

この本を手に取ったような方であれば、すでに薄々気づいていることだと思いますが、20世紀の後半から21世紀の前半まで、50年ほどのあいだ「望ましい」とされてきた思考・行動様式の多くは、今日、急速に時代遅れのものになりつつあります。

本書では、これらの旧態依然とした思考・行動様式を「オールドタイプ」として、一方、それに対置される新しい思考・行動様式を「ニュータイプ」として整理し、読者に提示します。

では、ニュータイプとはどのような人物像なのでしょうか。それこそが本書の主要テーマであり、詳細については本論をお読みいただきたいのですが、ここで「頭出し」をしておけば、図1のような思考・行動様式を持った人物像ということになります。

ご覧いただければわかる通り、このようなオールドタイプの思考・行動様式は、これまで長いこと一般的に「資本主義社会で成功する優秀な人物」と考えられてきた人材の要件です。

しかし、今まさに激しい変化の只中にある社会の構造やテクノロジーを踏まえれば、これらの思考・行動様式はアップデートされなければなりません。

詳しい説明は本文の個別項目に譲りますが、ここでかつて礼賛された人材要件＝オールドタイプが、なぜ新しい人材要件＝ニュータイプにアップデートされなければならないか、大きく2つのポイントから、その理由を指摘しておきたいと思います。

「正解を出す力」に、もはや価値はない

1つ目のポイントは、オールドタイプの思考・行動様式が、「社会への価値の創出」という観点から、すでに有効ではなくなりつつあるということです。

筆者は拙著『世界のエリートはなぜ「美意識」を鍛えるのか？』で、これまでオールドタイプ

図1 これから求められる思考・行動様式とは？

オールドタイプ		ニュータイプ
正解を探す	＞	問題を探す
予測する	＞	構想する
KPIで管理する	＞	意味を与える
生産性を上げる	＞	遊びを盛り込む
ルールに従う	＞	自らの道徳観に従う
一つの組織に留まる	＞	組織間を越境する
綿密に計画し実行する	＞	とりあえず試す
奪い、独占する	＞	与え、共有する
経験に頼る	＞	学習能力に頼る

の多くが依拠していた「論理とサイエンス」が、「モノが過剰になり、正解がコモディティ化していく」世界において有効性を失いつつあることを指摘した上で、今後は「美意識とアート」を武器にする新しい人材＝ニュータイプが求められている、という主張をしましたが、これはまさに「価値創出」の源泉が「問題を解決し、モノを作り出す能力」から「問題を発見し、意味を創出する能力」へとシフトしていることを受けてのものでした。

いわゆる「優秀さ」は文脈依存的な概念であることに注意が必要です。どのような時代にあっても、その時代において「望ましい」とされる人材の要件は、その時代に特有の社会システムやテクノロジーの要請によって規定されることになります。これはつまり、世の中の要請に対して相対的に希少な能力や資質は「優秀さ」として高く評価され、逆に過剰な資質や能力は「凡庸さ」として叩き売られる、ということです。

したがって「モノ」が過剰になる一方で、「問題」が希少になっている現在の社会において求められる人材要件が、その真逆である「モノ」が希少で「問題」が過剰であった、かつての社会において求められる人材要件と大きく異なるのは当たり前のことなのです。

しかし、人間のマインドはとても保守的なので、多くの人は相も変わらず、偏差値に代表される「正解を出す能力」を、その人の「優秀さ」を示すモノサシだと信じていまだに崇め続けています。この認識のネジレが、社会のさまざまな局面で悲劇と混乱を巻き起こしています。

19世紀の西部開拓時代を舞台にした伝説上の人物、ジョン・ヘンリーの物語はご存知でしょうか。誰よりも力強くハンマーを振るうことができた鉄道線路作業員のジョン・ヘンリーは、当時の最先端技術であった蒸気ハンマーに対して「鍛えあげられた人間がそんなものに敗れるはずがない」と戦いを挑み辛くも勝利しますが、心臓麻痺を起こして死んでしまいます。

この物語は、産業革命の時期において、それ以前に「優秀な人材」を規定するモノサシであった「筋力」や「精神力」が、もはやそうではなくなりつつあった過程で起きた混乱と悲劇を象徴的に示しています。

オールドタイプは現代の問題を拡大再生産している

さて次に、オールドタイプからニュータイプへのアップデートが必要だと指摘する2つ目の理由として挙げなければならないのが、これまで活躍していた人材＝オールドタイプが発揮してきた思考・行動様式によって、資本主義というシステムが生み出す問題が拡大再生産されている、という点です。[*1]

たとえば現在、世界中の都市で「ゴミ」は深刻な問題になりつつありますが、これは「量的な向上」を無条件に是とするオールドタイプの思考・行動様式が生み出した結果といえます。

確かに、かつてのようにモノが不足している状況であれば、ひたすらに「量的な向上」を目指すというオールドタイプの行動様式は、時代の要請と整合していたかもしれません。しかし、現在のようにモノが過剰に溢れている状態で、ひたすらに「量的な向上」を目指せば、すでに過剰にあるモノを次々にゴミにしていくしかありません。

こういった問題の原因を「資本主義というシステム」に求めて、これを何か別のシステムに切り替えることで解決しようということが、かつては考えられました。1960年代に世界中で盛り上がりを見せた学生運動はその一つの例と言えますが、結局のところ、これらの取り組みは、壮大な実験の結果、うまくいかないことが明らかになっています。

つまり、今の私たちを取り巻いている「システムの大きな問題」を解決するには、システムそのものをリプレースするのではなく、システムそのものを微修正しながら、その中に組み込まれる人間の思考・行動様式を大きく切り替えることが必要だということです。

この「思考・行動様式の切り替え」を、本書ではオールドタイプに置換される「ニュータイプの24の思考・行動様式」という構図で示していきます。

ポスト構造主義の思想家ジャック・デリダは、「脱構築」というコンセプトを提唱し、システムの内部における主従関係を逆転させ、隷属的な立場に置かれていたものを肯定しなおすことで、システムそのものの解体を伴わずに、システムのもたらす豊かさを回復させる可能性について論じました。

私もまた、資本主義というシステムそのものの解体を伴わずに、そのシステムの内部においてかつて否定されていたものを再び肯定することで、システムがもたらす豊かさを回復させる可能性について本書で指摘します。つまり、私がこれから本書において述べるのは、少々大げさな言い方をすれば「資本主義の脱構築」ということになります。

ニュータイプは問題を「発見」できる人

少しイメージしにくいかもしれないので、具体的な例を一つ挙げてみましょう。

たとえば、20世紀の半ばから後半の時期にかけては「問題解決」の能力が極めて高く評価されてきました。この時期は、市場に多くの「不満、不便、不安」という問題を解消したいというニーズが存在していたので、それらのニーズを解消できる組織や個人は高く評価され、高い報酬を得ることができたわけです。

しかし一旦、物質的なニーズや不満があらかた解消されてしまった状態、つまり21世紀初頭の現在のような状況になってしまった場合、問題を解決する能力がいくらあったとしても、そもそも「大きな問題」が提示されていなければ、その問題解決能力が富を創出することはありません。

人類は原始時代以来、20世紀の後半までずっと「問題が過剰で解決策が希少」という時代を生きてきました。そのため、公的学校制度をはじめとした人材育成の基本的な目的は「問題解決能力の向上」に置かれています。

ところが、私たちは人類史の中で初めて「問題が希少で解決策が過剰」という時代に突入しつつあります。このような時代にあっては、ただ単に「問題解決の能力が高い」というだけでは価値を生み出せません。

ビジネスは常に「問題の発見」と「問題の解決」が組み合わされることで成立します。しかし、現在は「問題」そのものが希少になっているわけですから、ボトルネックは問題の「解決能力」ではなく「発見能力」に発生することになり、結果として問題解決者の価値が低減する一方で、問題発見者の価値が上昇することになります。これが「好ましい思考・行動様式は、テクノロジーや社会構造という文脈によって相対的に決まる」ということです。

したがって、かつて好ましいと考えられていたオールドタイプの思考・行動様式がニュータイプのそれへと、どのようにシフトするかということを理解するためには、その前提として、どのようなテクノロジーあるいは社会の変化が発生するのかを考察する必要があります。

まず1章では、オールドタイプからニュータイプへのシフトを促進する6つのメガトレンドについて考えてみましょう。

＊1　前段で「問題が希少化している」と指摘しながら、ここでは「問題が拡大再生産されている」としていることに矛盾を感じた読者もいるかもしれない。混乱を避けるために注記すれば、前段で指摘している「希少化する問題」は、市場取引によって解消が可能な顧客の不満・不便・不安といった問題、つまり「経済システムの内部で解消できる問題」を指しているのに対して、後段で指摘している「拡大再生産される問題」は、ゴミ、貧困、環境、虐待など、いわゆる「市場の失敗」あるいは「負の外部性」として整理される「経済システムの内部では解消が困難な問題」を指している。

目次　ニュータイプの時代

第2章 ニュータイプの価値創造
――問題解決から課題設定へ

2 課題設定 革新的な解決策より優れた「課題」……48
オールドタイプ課題に向き合わずにイノベーションという手段にこだわる
ニュータイプ手段にこだわらず課題の発見と解決にこだわる

3 構想力 未来は予測せずに「構想」する……62
オールドタイプ未来を予測する
ニュータイプ未来を構想する

第3章 ニュータイプの競争戦略 ——「役に立つ」から「意味がある」へ

4 意味のパワー 能力は「意味」によって大きく変わる……78
オールドタイプ目標値を与え、KPIで管理する
ニュータイプ意味を与え、動機付ける

第4章 ニュータイプの思考法——論理偏重から論理＋直感の最適ミックスへ

限界費用ゼロ

5 「作りたいもの」が貫通力を持つ …… 92

オールドタイプ スケールを求めて市場におもねる
ニュータイプ 自分がやりたいことにフォーカスを絞る

ポジショニング

6 市場で「意味のポジション」をとる …… 109

オールドタイプ 「役に立つ」で差別化する
ニュータイプ 「意味がある」で差別化する

リーダーシップ

7 共感できる「WHAT」と「WHY」を語る …… 126

オールドタイプ HOWを示して他者に指示・命令する
ニュータイプ WHAT＋WHYを示して他者をエンパワーする

8 論理と直感
「直感」が意思決定の質を上げる …… 144
オールドタイプ 論理だけに頼り、直感を退ける
ニュータイプ 論理と直感を状況に応じて使い分ける

9 野生の思考
「偶然性」を戦略的に取り入れる …… 155
オールドタイプ 生産性を上げる
ニュータイプ 遊びを盛り込む

10 美意識
ルールより自分の倫理観に従う …… 165
オールドタイプ 組織のルール・規範に従って「無批判」に行動する
ニュータイプ 自らの道徳・価値観に従って「わがまま」に行動する

11 意思決定
複数のモノサシを同時にバランスさせる …… 176
オールドタイプ 量的な向上を目指す
ニュータイプ 質的な向上を目指す

第5章

ニュータイプのワークスタイル
——ローモビリティからハイモビリティへ

12 モビリティ
複数の組織と横断的に関わる …… 190
オールドタイプ 一つの組織に所属し、留まる
ニュータイプ 組織間を越境して起動する

13 努力と成果
自分の価値が高まるレイヤーで努力する …… 202
オールドタイプ 今いる場所で踏ん張って努力する
ニュータイプ 勝てる場所にポジショニングする

14 モチベーション
内発的動機とフィットする「場」に身を置く …… 213
オールドタイプ 命令に駆動されて働く
ニュータイプ 好奇心に駆動されて働く

15 知識と経験
専門家と門外漢の意見を区別せずフラットに扱う …… 223
オールドタイプ 専門家の意見を重んじる
ニュータイプ 素人の門外漢にも耳を傾ける

第6章 ニュータイプのキャリア戦略
——予定調和から偶有性へ

16 キャリア
大量に試して、うまくいったものを残す …… 236
オールドタイプ 綿密に計画し、粘り強く実行する
ニュータイプ とりあえず試し、ダメならまた試す

17 逃走論
人生の豊かさは「逃げる」ことの巧拙に左右される……251
オールドタイプ 一箇所に踏み留まって頑張る
ニュータイプ すぐに逃げて、別の角度からトライする

18 シェアとギブ
シェアしギブする人は最終的な利得が大きくなる……263
オールドタイプ 奪い、独占する
ニュータイプ 与え、共有する

第7章 ニュータイプの学習力
——ストック型学習からフロー型学習へ

19 リベラルアーツ
常識を相対化して良質な「問い」を生む……276
オールドタイプ サイエンスに依存して管理する
ニュータイプ リベラルアーツを活用して構想する

20 気づき
「他者」を自分を変えるきっかけにする …… 290
オールドタイプ要約し、理解する
ニュータイプ傾聴し、共感する

21 アンラーン
苦労して身につけたパターン認識を書き換える …… 300
オールドタイプ経験に頼ってマウントする
ニュータイプ経験をリセットし、学習し続ける

第8章 ニュータイプの組織マネジメント
——権力型マネジメントから対話型マネジメントへ

22 権力の終焉
「モビリティ」を高めて劣化した組織を淘汰する …… 312
オールドタイプ空気を読み、同調し、忖度する
ニュータイプオピニオンを出し、エグジットする

23 上司と部下
権威ではなく「問題意識」で行動する 324
オールドタイプ 肩書きや立場に応じて、振る舞いを変える
ニュータイプ 肩書きや立場に関係なく、フラットに振る舞う

24 資本主義の脱構築
システムに耽落せず脚本をしたたかに書き換える 335
オールドタイプ システムに無批判に最適化する
ニュータイプ システムを批判し、修正する

おわりに 347

THE RISE OF NEWTYPE

第1章 人材をアップデートする6つのメガトレンド

〉ニュータイプへのシフトを駆動する変化の構造

世は定めなきこそいみじけれ[*2]

――吉田兼好[*3]

6つのメガトレンドとは？

「望ましい人材要件」が、その時代における社会の構造やテクノロジーによって規定されることはおわかりいただけたと思います。

ここでは、どのような変化が「従来の望ましい人材要件＝オールドタイプ」から「今後の望ましい人材要件＝ニュータイプ」へのシフトを促すのか、全体として次の6つのメガトレンドについて説明していきたいと思います。

メガトレンド1 飽和するモノと枯渇する意味

メガトレンド2 問題の希少化と正解のコモディティ化

メガトレンド3 クソ仕事の蔓延

メガトレンド4 社会のＶＵＣＡ化

メガトレンド5 スケールメリットの消失

メガトレンド6 寿命の伸長と事業の短命化

メガトレンド1

飽和するモノと枯渇する意味

現代の日本で生を営んでいる私たちは、日常を安全かつ快適に暮らすために必要とされている、ほぼありとあらゆるモノを手に入れることができる時代に生きています。

半世紀前の1960年代において、人がうらやむような豊かな生活の象徴として崇められていた「三種の神器」とは、すなわちテレビ、洗濯機、冷蔵庫の3つの家電でしたが、今日では、これらの家電を保有しない家を見つけることの方が難しい状況になっています。

たった半世紀のあいだに「憧れの対象」となっていたモノが、すでにあまねく行きわたっているのが、現在という社会です。このような時代をかつて人類は経験したことがありません。私たちは、すでに必要とされている、ありとあらゆるモノを手に入れることができる時代に生きているのです。

しかし一方で、このような「恵まれた状況」にありながら、多くの人々は、なんとも名状しがたい欠落感を抱えながら生きています。人類の長年の夢であった「差し当たって、今日を生きるのに大きな心配がない」という状況が、多くの人にとって現実のものとなったにもかかわらず、何かが満たされていない、人生において何か本質的に重要なものが抜け落ちているような感覚です。

物質的な欠乏という課題がほぼ解消されてしまった世界において、人はどのようにして「生きる意味」を見出していけばいいのでしょうか。この問題をおそらく歴史上、最初に指摘したのはドイツの哲学者、ニーチェでした。

ニーチェは150年も前にすでに、現代人が「意味の喪失」という問題に陥り、ニヒリズムに捉えられることを予言しています。

ニヒリズムとは何でしょうか。ニーチェは次のように定義しています。すなわち「何のために、という問いに対して答えられないこと」だと。「何のために」という問いへ答えられない、つまり「意味が失われた状態」こそが、ニヒリズムの本質だ、というのですね。

私たちは「モノが過剰で、意味が希少な時代」を生きています。「モノ」がその過剰さゆえに価値を減殺させる一方で、「意味」がその希少さゆえに価値を持つというのが21世紀という時代です。

このような時代にあって、相も変わらずに「役に立つモノ」を生産し続けようとするオールドタイプは価値を失うことになる一方で、希少な「意味」を世界に対して与えるニュータイプは大きな価値を生み出していくことになります。

メガトレンド2

問題の希少化と正解のコモディティ化

「モノの過剰化」はまた、「問題の希少化」という事態を生み出すことになります。モノが過剰に溢れかえる世界にあって、私たちは日常生活を送るにあたって、すでに目立った不満・不便・不安を感じることはなくなっています。これはつまり、今日の日本ではすでに「問題が希少化」していることを示しています。

先述した通り、ビジネスは「問題の発見」と「問題の解決」が組み合わされることによって初めて成立します。したがって、両者のうち「少ない方」が常に社会的なボトルネックとなり、そのボトルネックを解消できたプレイヤーには大きな価値がもたらされます。

「問題」と「解決策」のバランスについて、過去を振り返ってみれば、原始時代から20世紀後半までの長いあいだ、常に過剰だったのは「問題」であり、「解決策」は希少でした。多くの人々が、物質的な側面で大きな「不満・不便・不安」を感じており、だからこそ、それらの問題を解決できた個人や組織に富が集中したのです。

当然のことながら、このような時代においては「問題を解ける人」が労働市場で高く評価され、高水準の報酬を得ることになりました。

しかし、ありとあらゆるモノが過剰に溢れかえることで「問題」が希少化してくると、ボトルネックは「問題の解決」から「問題の発見」へとシフトし、「解決能力」は供給過剰の状況に陥ることになります。

　このような世界において、かつて高く評価された「問題解決者＝プロブレムソルバー」はオールドタイプとして大きく価値を減損することになる一方で、誰も気づいていない問題を見出し、経済的な枠組みの中で解消する仕組みを提起する「課題設定者＝アジェンダシェイパー」が、ニュータイプとして大きな価値を生むことになるでしょう。

メガトレンド3　クソ仕事の蔓延

「モノの過剰化」と「問題の希少化」というメガトレンドの掛け合わせはまた、人類がかつて経験したことのない未曾有の状況を生み出すことになります。それは「意味のない仕事＝クソ仕事の蔓延」という事態です。

　私たちは一般に「仕事」というものを「価値あるもの」と考えます。だからこそ多くの人は「無職」という状況になんらかの後ろめたさを感じるわけですし、失業率の上昇は対処すべき由々しき社会問題として取り上げられます。

　しかし、すでにモノが過剰に行きわたり、解消すべき問題が希少化しているのであれば、むしろ「失業」は生産性向上の末に達成された歓迎すべき状況だと考えるべきだということになります。

そして実際、昨今実施されている各種の統計や調査では、大多数の人々は、自分の仕事が社会になんの価値ももたらしていない、と感じていることがわかっています。これは「モノの過剰化」や「問題の希少化」というメガトレンドが必然的にもたらした結果と言えます。

そもそも、本来の仕事が「有用なモノを作る」あるいは「重要な課題を解決する」ということであれば、モノが過剰にあり、問題が希少となっている社会では、仕事の本来的な需要は減少するはずです。しかし、私たちの労働時間は100年前とほとんど変わっていません。

20世紀前半に活躍したイギリスの経済学者、J・M・ケインズは1930年に著した論文で「100年後には週に15時間働けば十分に生きていける社会がやってくる」と予言しています。

ケインズはまさに、生産性が向上し、社会に物的資本が蓄積されることで、労働需要は減っていくだろうと考えたわけですが、しかし、この予言は実現せず、私たちは100年前と変わらない時間を労働に割いています。

求められるニーズが一定であれば、生産性の向上に伴って投入されるべき労働量は減少するはずですが、一向にそうなっていない。このロジックはどこに破綻があるのでしょうか?

結論から言えば、私たちの多くは実質的な価値や意味を生み出すことのない「クソ仕事」に携わっている、ということになります。労働に関する需要が減少しているにもかかわらず、労働の供給量が変わらないために、本来的な意義を有さず、社会にとって意味のないクソ仕事に多くの人が携わって生きていかざるを得ない、というのが現在の社会なのです。

このような世界にあって、目的や意味を明確化することなく、ただひたすらに生産性を求めて量的成果を追求するオールドタイプは、さらなる「クソ仕事」を作り出して周囲のモチベーションを破壊し、自らも「無意味の泥沼」へと陥っていくことになるでしょう。

一方で、常に「仕事の目的」や「仕事の意味」を形成し、本質的な価値を言語化・構造化できるニュータイプは、人材を惹きつけ、モチベーションを引き出し、大きな価値を生み出すことになるでしょう。

メガトレンド4 社会のＶＵＣＡ化

ＶＵＣＡとはＶ＝Volatile（不安定）、Ｕ＝Uncertain（不確実）、Ｃ＝Complex（複雑）、Ａ＝Ambiguous（曖昧）という、今日の社会を特徴付ける４つの形容詞の頭文字を合わせた言葉で、もともとはアメリカ陸軍が現在の世界情勢を説明するために用いだした用語です。これらの４つの特徴が、現在の私たちを取り囲む状況であることに反論できる人はいないでしょう。

今日、「社会のＶＵＣＡ化」はさまざまなところで議論されていますが、ＶＵＣＡ化が一体どのような行動・思考に関する変化を要請するのか、という点についてはあまり整理されていないように思います。

「ＶＵＣＡ化の進行」は、私たちがこれまで「良い」と考えてきたさまざまな能力やモノゴトの価値に大きな影響を与えることになります。ここでは代表的なポイントを３つ挙げておきましょう。

１つ目が**「経験の無価値化」**です。これまで私たちは「経験豊富」という要件を無条件にポジティブに評価してきたわけですが、環境がどんどん変化していくということは、過去に蓄積した経験がどんどん無価値になっていくということを意味します。

このような世界にあっては、過去に蓄積した経験に依存し続けようとする人は早急に人材価値を減損させる一方で、新しい環境から柔軟に学び続ける人が価値を生み出すことになります。

２つ目が**「予測の無価値化」**という問題です。これまで、企業にしても個人にしても、何かを実行しようというとき、中長期的な予測をもとに計画を立てることが「良し」とされてきました。

しかし、社会がより「不安定」で「不確実」になるということは「予測の価値」がどんどん減損していくことになります。このような時代にあって、計画に時間をかけ、立てた計画を実直に実行するという行動様式は極めてリスクが大きいと言わざるを得ません。今後はむしろ、とりあえず試し、結果を見ながら微修正を繰り返していくという、いわば「計画的な行き当たりばったり」によって、変化する環境に対して柔軟に適応していくことが求められます。

３つ目が**「最適化の無価値化」**という問題です。私たちは常に、周辺環境に対して最適化することで自分のパフォーマンスを高めようとするわけですが、ここにパラドックスがあります。

というのも「VUCAな世界」では、環境は連続的に変化し続けているわけですから、どこかの時点での環境に高度に最適化してしまえば、それは次の瞬間には時代遅れなものになってしまうからです。つまり、私たちは「最適化という概念そのもの」の意味合いを考え直さなければいけない時期に来ている、ということです。

このような時代になれば、ある瞬間において環境への「最適化の度合い」はどうでもよくなり、むしろ変化していく環境に対して、どれだけしなやかに適合できるかという「柔軟性の度合い」の方が重要になってきます。

メガトレンド5 スケールメリットの消失

18世紀の産業革命以来、「強いビジネス」とはすなわち「大きなビジネス」のことでした。巨大な資金によって大きな工場を建て、大量生産したものを巨額の広告費をかけて売りさばく、という暴力的なビジネスこそが常に勝者であり、その陰で資金を集められないもの、大量に生産できないもの、巨額の広告費を捻出できないものは、歴史の塵芥《ちりあくた》の中に消えていかざるを得ませんでした。

そのような時代を長らく過ごした私たちは、スケールの追求こそがビジネスにおける成功のカギだということを刷り込まれてしまっています。しかし今日では、スケールはそのままメリットにならないどころか、むしろ競争力を削ぐ要因となりつつあります。

この変化をドライブしている大きな要因は2つあります。

1つ目の要因として指摘したいのが**限界費用のゼロ化**[*4]です。ジェレミー・リフキンは、彼の著書『限界費用ゼロ社会』において、さまざまな分野で限界費用がほぼゼロになるという現象が発生していることを指摘し、近い将来において、19世紀から連綿と続いてきた垂直統合型の巨大企業が、その巨大さゆえに有していたアドバンテージ、つまり「スケールメリットによる限界費用の低さ」がもはや成立しなくなると指摘しています。

2つ目の要因として指摘しなければならないのが**メディアと流通の変化**です。20世紀の後半にインターネットが普及するまで、サービスや商品を世の中に告知するためには、新聞やテレビなどのマスメディアに頼らざるを得ませんでした。

これらのメディアはきめ細かなターゲット設定には向いておらず、必然的に多数派となる大衆の好みそうな商品やサービスを開発し、それをテレビや新聞などのマスメディアを通じて告知し、巨大な流通機構を通じてそれを販売するというモデルに帰着せざるを得ませんでした。

これはつまり、マーケティングの手段でしかない広告や流通の枠組みが、商品やサービスのありようを規定していたということです。その結果、メディアと流通の枠組みに乗りにくいサブスケールのサービスや商品は大きなハンディキャップを背負うことになる一方で、多数派となる大衆に向けた製品を大量に生産し、それを巨額のマーケティング費用をかけてメディアと流通に乗せて売り切るという戦略パターンを採用する企業には強烈なスケールメリットが生じました。

ところが昨今、メディアや流通のありようは大きく変化し、サブスケールの個人事業主が、各々の関心や意図、求めている「意味」に応じて精密にコミュニケーションをとることが可能になりました。

これを逆にいえば、大量に作った製品を大量の広告によって告知し、巨大な流通機構に乗せて売りさばくという、かつての必勝パターンであった「スケールメリット追求型のビジネス」の方こそが、メディアと流通のありように対して齟齬をきたすようになっているということです。

メガトレンド6

寿命の伸長と事業の短命化

今日、先進国での平均寿命は長期的な伸長傾向にあり、おそらくは近い将来に「寿命１００年」という時代がやってくることになります。

平均寿命が１００年になった時代において、人は何歳まで働くことになるのか、という問いに対して現時点ではっきりした答えを出すことはできません。しかし、一つだけ言えるのは、私たちがステレオタイプに考えている「60歳で引退」という人生モデルは、もはや通用しなくなるだろうということです。

ちなみにロンドン大学のリンダ・グラットンによる『ライフ・シフト』の共著者である経済学

者のアンドリュー・スコットは、寿命１００年の時代になれば、引退後の蓄えをつくるために、ほとんどの人が80歳まで働かなければならなくなると指摘しています。つまり、具体的な年齢はともかくとして、私たちの多くは、私たちの祖父母の時代よりも、かなり高齢になるまで働かなくてはならない時代を生きることになる、ということです。

一方で、各種の統計・データが示すところによれば、事業は長期的な短命化の傾向にあります。たとえばアメリカにおけるＳ＆Ｐ５００の構成企業の平均寿命は、１９６０年代には約60年だったのが、今日では20年足らずしかありません。

Ｓ＆Ｐの構成企業は「アメリカを代表する企業」という選択基準で選ばれています。そのような企業の平均寿命が、半世紀前には60年だったのが、今日では20年に満たないのです。

20歳前後で働き始め、60歳前後で引退するという時代にあっては、多くの人が現役として働く期間よりも、企業の平均寿命の方が長かったわけですが、今日、この関係は逆転し、多くの人が現役として働く期間の方が、企業の平均寿命よりも、ずっと長いという時代がやってきてしまったということです。

以上より導かれる結論は明白です。つまり、多くの人は、人生の途上において複数回のキャリアチェンジを余儀なくされる、ということです。私たちは一般に「この道一筋」とか「一所懸命」といったことを無批判に礼賛する強い傾向がありますが、変化の速い世界においてそのような価値観に頑なに囚われるオールドタイプは、リスクに対して非常に脆弱なキャリアを歩むことになります。

一方でこれまで長いこと、「腰が据わらない」「節操がない」「一貫性がない」と批判的に揶揄されてきたような生き方、つまり、何が本業なのかはっきりしないままに複数の仕事に関わり、節目ごとに仕事のポートフォリオを大きく組み替えていくようなキャリアを志向するニュータイプこそ、リスクをむしろチャンスに変えていくような、柔軟でしたたかなキャリアを歩んでいくことになるでしょう。

以上が、これまで成功した人材＝オールドタイプから、これから成功する人材＝ニュータイプへの変化を駆動する要因となる６つのメガトレンドということになります。

では、これらのメガトレンドにより、具体的にどのような人材要件のシフトが起きるのでしょうか。ここから先は大きく「価値創造」「競争戦略」「思考法」「ワークスタイル」「キャリア戦略」「学習力」「組織マネジメント」という7つの項目に分けて考察を進めてみましょう。

＊2　「世界は無常だが、だからこそ素晴らしい」という意味。
＊3　鎌倉時代末期から南北朝時代にかけての官人・遁世者、歌人、随筆家。日本三大随筆の一つとされる『徒然草』の作者。
＊4　経済学における用語。生産量を一単位だけ増やした場合に増加する費用のこと。

THE RISE OF
NEWTYPE

第2章

ニュータイプの価値創造

〉問題解決から課題設定へ

問題発見

オールドタイプ ▼ 問題が与えられるのを待ち、正解を探す
ニュータイプ ▼ 問題を探し、見出し、提起する

1 問題を解くより「発見」して提案する

コンピューターなんて役に立たないね。
あれは答えを出すだけだ。[*5]

――パブロ・ピカソ

問題は少なく、解決能力が過剰な時代

これまで長いこと、私たちの社会では「問題を解決できる人＝プロブレムソルバー」が高く評価されていました。原始時代以来、私たちの社会は常に多くの「不満」「不安」「不便」という「問題」に苛まれており、これを解決することが大きな富の創出につながったからです。「寒い冬を凍えることなく過ごしたい？」ストーブをどうぞ！「雨に濡れずに安楽に遠くまで移動したい？」自動車をどうぞ！　ということです。

しかし今後、このような「問題解決に長けた人」はオールドタイプとして急速にその価値を失っていくことになるでしょう。

ビジネスは基本的に「問題の発見」と「問題の解消」を組み合わせることによって富を生み出しています。過去の社会において「問題」がたくさんあったということは、ビジネスの規模を規定するボトルネックは「問題の解消」にあったということです。だからこそ20世紀後半の数十年間という長いあいだ「問題を解ける人」「正解を出せる人」は労働市場で高く評価され、高水準の報酬を得ることが可能でした。

しかしすでにメガトレンドの項目で説明した通り、このボトルネックの関係は、今日では逆転しつつあります。つまり「問題が希少」で「解決能力が過剰」になっているということです。

ビジネスが「問題の発見」と「問題の解決」という組み合わせで成り立っているのであれば、今後のビジネスではボトルネックとなる「問題」をいかにして発見し提起するのかがカギになります。そして、この「問題を見出し、他者に提起する人」こそがニュータイプとして高く評価されることになるでしょう。

一方で、過剰である「問題の解決」に対しては今後、これまでのような評価も報酬も与えられないということになります。つまり、これまで高く評価されてきた「問題解決者＝プロブレムソルバー」はオールドタイプとして急速に価値を失っていくことになる、ということです。そのような変化を示唆する象徴的な現象はすでにそこかしこに見ることができます。

減少するＭＢＡ志願者数——「正解」はコモディティ化している

たとえば２０１８年の10月、ウォール・ストリート・ジャーナルはアメリカにおけるＭＢＡへの応募数が、４年連続で前年割れしていることを報じました。同紙によれば、ハーバードやスタンフォードなどのエリート校も含めて応募数は減少傾向にあり「Degree loses luster＝学位としての輝きは失われた」というのです。[*6] 一体何が起きているのでしょうか？

言うまでもなく、経営大学院という学校は、経営における問題を「解決」するための技術や知識を体系的に学ぶ場所です。しかし、１章のメガトレンドですでに指摘したように、正解がコモディティ化していく世界において「正解を出す能力」が高く評価されることはありません。

なぜなら、仮にある個人や組織が「正解」を出すことができたとしても、その「正解」は他の個人や組織が出すものと変わらないからです。経営というのは本質的に差別化を求めますから、たとえそれが論理的な「正解」であったとしても、経営の文脈ではそれは「良い答え」ではないのです。[*7]

ＭＢＡという学位を保有している人が相対的に希少で、市場に多くの不満・不安・不便といった問題が山積していた20世紀の後半であれば、ＭＢＡホルダーは労働市場で高く評価され、高額の報酬を得ることができたでしょう。

そのような状況を見た人々がMBAという学位の経済的価値を認め、ビジネススクールの門を叩くことでMBAホルダーの数は中長期的には増加したわけですが、その結果として、ビジネスにおける問題解決の能力は現在、供給過剰の状態に陥りつつあります。

財の価値は需要と供給のバランスで決まることになります。問題が希少化する世界で、問題解決の能力が過剰に供給されれば、「問題解決の能力」の価値が減少するのは当たり前のことです。このような時代になりつつある中、いまだに「正解を出す能力」にこだわり続けるオールドタイプは、急速に価値を失っていくことになるでしょう。

人工知能による追い討ち——最高峰の頭脳が安価に手に入る

この「問題解決能力の過剰供給」という問題にさらなる追い討ちをかけることになるのが人工知能の普及です。

本書執筆時点から8年前の2011年、IBMの人工知能「ワトソン」が、米国の人気テレビ番組「ジェパディ!」に出演し、百戦錬磨のクイズ王と争って勝利しました。クイズ番組で求められるのはまさに「正解を出す能力」ですから、すでに人工知能の「正解を出す能力」は、特定の領域においては最高水準の人間の知性をも凌駕しているということです。

このような指摘に対して「ワトソンは非常に高価であり、費用対効果という点では人間に劣る」

図2 「ジェパディ！」に出演するIBMのワトソン

©VincentLTE

という反論があるかもしれません。なるほど確かに「コスト」は重要なポイントです。１９６５年に発表されたＮＡＳＡの報告書には、宇宙船になぜ人間を乗せるのか、という批判への反論として「人間は非線形処理のできる最も安価な汎用コンピューターシステムであり、しかも重量は70キロ程度しかなく、非常に軽い」と記述しています。

つまり「軽くて安くて性能がいい」という理由で、コンピューターよりも人間を宇宙船に乗せるという回答なのですが、このＮＡＳＡの主張をひっくり返せば、つまり「軽くて安くて性能がいい」のであれば、別に人間であろうと人工知能であろうと、どちらでも構わないということでもあります。そして、今まさにやってきつつあるのが「人間より人工知能の方が安くて性能がいい」という時代です。

　1997年にチェスの世界チャンピオンに勝利したIBMのディープブルーは、その翌年、5倍程度に処理能力を増強されて一般向けに販売されました。このときの販売価格はおよそ100万ドル＝1億円程度でしたが、今日、量販店で販売されている家庭用パソコンでも、メモリーやハードディスクを増強すれば同程度の計算能力を持たせることができます。つまり、たった20年で、1億円ほどした人工知能が家電量販店で購入できるようになったわけです。[*8]これが、いわゆる「ムーアの法則」の恐ろしさです。

　ムーアの法則については、すでに半導体素子の大きさが原子レベルにまで近づいていることから、近いうちに限界が訪れるだろうという意見もありますが、仮にこの法則が今後もしばらく継続するのだとすれば、どのような変化が起きるのでしょうか。

　ムーアの法則によれば、半導体の集積度合いは、18カ月ごとに2倍になりますから、2年後に2・52倍、5年後に10・08倍、10年後に101・6倍、20年後には1万321・3倍となります。

　ディープブルーという実例を引けば、1998年に1億円だったものが、20年後の2018年には数十万円にまで下がったわけですが、計算上は1億円の人工知能も、10年経てばその100分の1、つまり100万円で購入できることになります。

　ワトソンが「ジェパディ！」で優勝したのは今から8年前の2011年のことです。仮に当時のワトソンの価格が1億円だったとして、ムーアの法則を当てはめて考えてみれば、同等の性能の人工知能が100万円で購入できる時代がすぐそこまできつつある、ということです。

日本の法定最低賃金は年換算で200万円前後です。この費用の半分で、特定領域に限って最高峰の頭脳が手に入ると考えれば、そのインパクトの大きさが想像できるのではないでしょうか。

人間を雇うよりもはるかに安い費用で、最高峰の人間の「問題解決能力」と同等以上の能力が手に入るのです。しかも、この頭脳は1日24時間のあいだ働き続けることができ、動機付けに昇進させてやる必要もなく、有給休暇を求めてくることもありません。

情け容赦なく人間の従業員を切り捨て、人工知能へと切り替えることには多くの経営者が抵抗感を覚えるとは思いますが、一方で個別企業は熾烈な市場競争にさらされているわけですから、生産性向上の手綱を緩めることは許されません。

このような状況が実現すれば「正解を出す能力」は極端な過剰供給状態となり、人間の持っている「正解を出す能力」にはほとんど価値が認められなくなります。このような時代にあってなお、いまだに偏差値に代表されるような「正解を出す能力」にこだわるのは典型的なオールドタイプの思考様式と言えます。

「問題の希少化」を招いたのは構想力の衰え

オールドタイプが「与えられた問題を解く」ことに長けている一方で、ニュータイプはまだ誰も気づいていない問題を見出し、それを社会に向けて提起します。なぜ、ニュータイプは誰も気づいていない「問題」を見出すことができるのでしょうか。

この論点を考察するにあたって、そもそも「問題とは何か」という点について考えてみましょう。

問題解決の世界では、「問題」を「望ましい状態と現在の状況が一致していない状況」と定義します。「望ましい状態」と「現在の状態」に「差分」があること、これを「問題」として確定するということです。

したがって「望ましい状態」が定義できない場合、そもそも問題を明確に定義することもできないということになります。つまり「ありたい姿」を明確に描くことができない主体には、問題を定義することができない、ということです。

「問題の希少化」という「問題」の本質はここにあります。「問題の不足」と聞けば、なんらかの確定的に定義できる「問題」自体が不足しているように思うかもしれませんが、これはそんなに単純な問題ではありません。

「問題の不足」という状況は、そもそも私たち自身が「世界はこうあるべきではないか」あるいは「人間はこうであるべきではないか」ということを考える構想力の衰えが招いている、ということなのです。

私たちは「ありたい姿」のことをビジョンと表現しますが、つまり「問題が足りない」というのは「ビジョンが不足している」というのと同じことなのです。

これは企業経営にしても国家運営にしても地域コミュニティの存続にしても同様です。取り組むべき問題＝アジェンダの明確化は国の、あるいは企業の、あるいは地域コミュニティの「あるべき姿＝ビジョン」が明確になって初めて可能になります。問題を生み出すことができないというのは、要するに「あるべき姿＝ビジョン」が不足している、ということなのです。

これを言い換えればつまり、ニュータイプとは、常に自分なりの「あるべき理想像」を思い描いている人のことだということになります。ニュータイプは、自分なりの理想像を構想することで、目の前の現実とそのような構想とを見比べ、そこにギャップを見出すことで問題を発見していくのです。

日本の迷走は「問題の不足」が原因

「問題解決能力」が供給過剰になり、問題が希少化するということは、ビジネスのボトルネックが、「問題解決の能力」から「問題発見・提起の能力」へとシフトすることを意味します。

このシフトによって世界中の企業が影響を受けることになりますが、なかんずく大きな影響を受けることになるのが、我が国、日本です。というのも、日本のビジネスリーダーはこれまで長いこと「問題を解く」ことに長けた人々ではあったのですが、そもそも「問題を自ら提起する」ということをやった人がほとんどいなかったからです。

私たちは明治維新以来、常に「目指すべき目標」が明確に示され、それを目指して努力すればいい、という状況にありました。国政や軍事については主にドイツやフランスが、企業経営については主にアメリカやイギリスがお手本となり、それらお手本と私たちとを見比べ、目立つ差分を埋め合わせていく、ということをやっていればよかったわけです。これはつまり、日本の社会や組織のリーダーには、これまでビジョンを構想する力が求められてこなかった、ということを意味します。

先ほど「問題とは差分である」ということを指摘しましたね。ということはつまり、かつての日本において、「問題」というのは一種の天然資源のように、放っておいてもどんどん湧いてくるものだったということです。これは非常に恵まれた状況だったというしかありません。

7世紀の遣隋使の頃から20世紀後半まで、日本にとっての「問題」は、常に海外先進国との差分として明確に示されるという、この「恵まれた状況」が、それこそ1000年以上にわたって続いたわけですが、1980年代に入って大変困ったことが起きます。

この時期に、欧米の企業や社会と日本のそれとを見比べても、明確な差分を抽出できないという状況が発生してしまったのです。米国の社会学者、エズラ・ボーゲルによる『ジャパン・アズ・ナンバーワン』が世界的なベストセラーとなったのは1979年のことです。ナンバーワン、すなわち「フォローすべき先行者のいない状況」に、歴史上初めて立たされることになったのがこの時期だったということです。この点についてはあまり指摘されることがないのですが、このタイミングは日本の歴史にとって決定的な転換点だったと思います。

人類学者の丸山真男は『日本文化のかくれた形《かた》』の中で、日本人の基本的な態度は「キョロキョロすること」だと指摘しています。いつも、どこか外側に自分のところよりも上位の文化があって、「善いもの」は常に外部からやってくる、という基本的な態度です。

日本の思想史を通覧してみても、ユダヤ教やキリスト教社会に見られるような一貫して存在する「コンテンツ」はありません。しかし、一貫して存在する「モード」があって、それは「外来のものに無批判に飛びついて、それを呑み込んでいく」という文明受容の態度だというのです。

だからこそ、私たちの社会ではこれまで「問題を解ける人」が高く評価されてきました。なぜなら「問題」は豊富にあり、それが解ければ何らかの豊かさを生み出したからです。

しかし、「問題解決の能力」は今後、どんどん低価格化が進み、供給過剰の状況になる一方で、当の「問題」は見つけることが難しくなっています。このような社会にあっては、「問題を解ける人＝オールドタイプ」よりも「問題を発見し、提起できる人＝ニュータイプ」こそが評価されることになります。そして、そのためのカギとなるのが「社会や人間のあるべき姿を構想する力」だということになります。

まとめ

● 原始時代から20世紀の後半まで、私たちの日常生活には多くの「不満・不便・不安」があり、これらの問題を解決することで大きな富を生み出すことが可能だった。しかし、20世紀後半以降、私たちの生活には大きな問題がなくなりつつあり、相対的に問題を解決する能力が「供給過剰」の状況に陥っている。

● このような変化を受けて、これまで高く評価されてきた「問題解決者＝プロブレムソルバー」は今後、オールドタイプとして価値を急速に減損させる一方で、「問題を発見し、提起する人＝アジェンダシェイパー」がニュータイプとして高く評価されることになる。

● 問題とは「あるべき状態」と「現場」との差分と定義できる。現在進行している「問題の希少化」という問題は、根本的な「あるべき状態」を構想する力の衰えが招いている。

● ニュータイプはまず「あるべき姿」を構想し、その「あるべき姿」と「現場」とのギャップから「問題」を発見していくことで、人々が取り組むべき「問題」を明確にする。

● 競争力の源泉が「問題解決力」から「問題発見力」へとシフトすることで、日本企業は大きな影響を受ける。これまで無尽蔵に外部から与えられてきた「あるべき姿」が不明確になることで、今後は、自ら「あるべき姿」を構想する必要がある。

オールドタイプ▼課題に向き合わずにイノベーションという手段にこだわる
ニュータイプ▼手段にこだわらず課題の発見と解決にこだわる

2 革新的な解決策より優れた「課題」

善い人間についての議論はもう終わりにして、
そろそろ善い人間になったらどうだ？[*9]

――マルクス・アウレリウス[*10]

イノベーション停滞の真因は「問題の希少化」

「問題の希少化」と「構想力の衰退」という問題はまた「イノベーションの停滞」という状況にも関わっています。

昨今、日本企業の多くがイノベーションを筆頭の経営課題に掲げ、さまざまな取り組みを行っています。しかし、いろんなところで指摘している通り、筆者はそれらの取り組みのほとんどが茶番だと思っています。なぜかというと、それらの取り組みにおいて解決したい課題＝アジェンダが設定されていないからです。

当事者に対して「課題は何ですか?」と尋ねると「まさにイノベーションの実現が課題だ」と言われることが多いのですが、これはイノベーションを本質的に誤解しているオールドタイプの典型的な回答です。

イノベーションは課題にはなり得ません。なぜなら課題を解決するための手段がイノベーションだからです。手段であるイノベーションを目的として設定すれば、その上で行われる営みは本番たり得ず、したがって茶番というしかありません。

イノベーションという手段が目的にすり替わってしまっているというのは、今日のビジネスを取り巻く不毛と混乱を象徴しています。

本来、ビジネスもまた何らかの豊かさを生み出す、あるいはなんらかの社会的問題を解決するための「手段」でしかなかったはずです。その対価として報酬が支払われていたわけですが、今日、本義として有していたはずの「企業が生み出す豊かさ」や「企業が解決する問題」はビジネスの文脈から抜け落ちてしまい、多くの企業が「売上」や「収益」などによって計測される「生産性」だけを目的にして活動し、そこに関わる人のモチベーションを粉砕しています。本来的な目的や意義を失ったままに生産性のみを目的にして駆動するのは典型的なオールドタイプのパラダイムです。

筆者は『世界で最もイノベーティブな組織の作り方』を著した際に、イノベーターとして高く評価されている人々にインタビューを行いましたが、これらのインタビューを通じてわかったのは「そもそもイノベーションを起こそうとしてイノベーションを起こした人はいない」という喜劇的な事実でした。

彼らは決してイノベーションを起こそうとして仕事をしたわけではありませんでした。常に「こういう問題が解決できたら素晴らしい」「こういうことが可能になったら痛快だ」という具体的な「解決したい問題」が明確にあり、それを解決するための手段がたまたま画期的なものであったために、周囲から「イノベーション」と賞賛されているだけで、元から「イノベーションそのもの」を目指していたわけではないのです。

一方で、世間の流行に振り回された挙句、手段にしか過ぎない「イノベーション」を目的と勘違いして追求しているのがオールドタイプということになります。

しかしなぜ、オールドタイプは手段にしか過ぎないイノベーションを追求するのでしょうか？

理由は非常にシンプルで、そうすることで「イノベーター」という称号と尊敬が得られるからです。世の中に存在する課題を解決することを目指した結果、たまたまイノベーションを起こしてしまった「本物のイノベーター」が、「世の中の課題を解決すること」を目標にして仕事に取り組んでいるのに対して、手段に過ぎないイノベーションを最初から目指す「偽物のイノベーター」は、「自分の価値を高めること」を目標にして仕事に取り組んでいる、ということです。両者では「価値創出」の方向が真逆なのです。

「イノベーションの方法論」はなぜ不毛なのか

クレイトン・クリステンセンの『イノベーションのジレンマ』が世界的なベストセラーとなったのは2000年代の初頭です。以来、多くの研究者や実務家によって「イノベーションを実現させるための方法論」が研究・開発されてきました。

スタンフォード大学に端を発する、いわゆる「デザイン思考」はその典型と言えるモノですが、今日では少なくない数のデザインファームやコンサルティング会社やビジネススクールが、同様に「イノベーションを実現するための方法論を開発した」と豪語し、多くのカンファレンスやセミナーを実施しています。

しかし、そのような状況が20年も続いているにもかかわらず、日本企業から世界を席巻するようなイノベーションが生まれたとはついぞ耳にすることがありません。これは一体どういうことなのでしょうか?

各社から喧伝されている「イノベーションの方法論」がなぜ、かくも不毛な成果しか生み出せないのか——前節で指摘した「問題の希少化」という点に加えて、ここでぜひとも考察しておきたいのが「イノベーションという目的自体がむしろ制約になっている」という点です。

イノベーションの定義は極めて混乱した状況にあり、率直に言って明確な定義は存在しないと

図3 **イノベーションとは？**

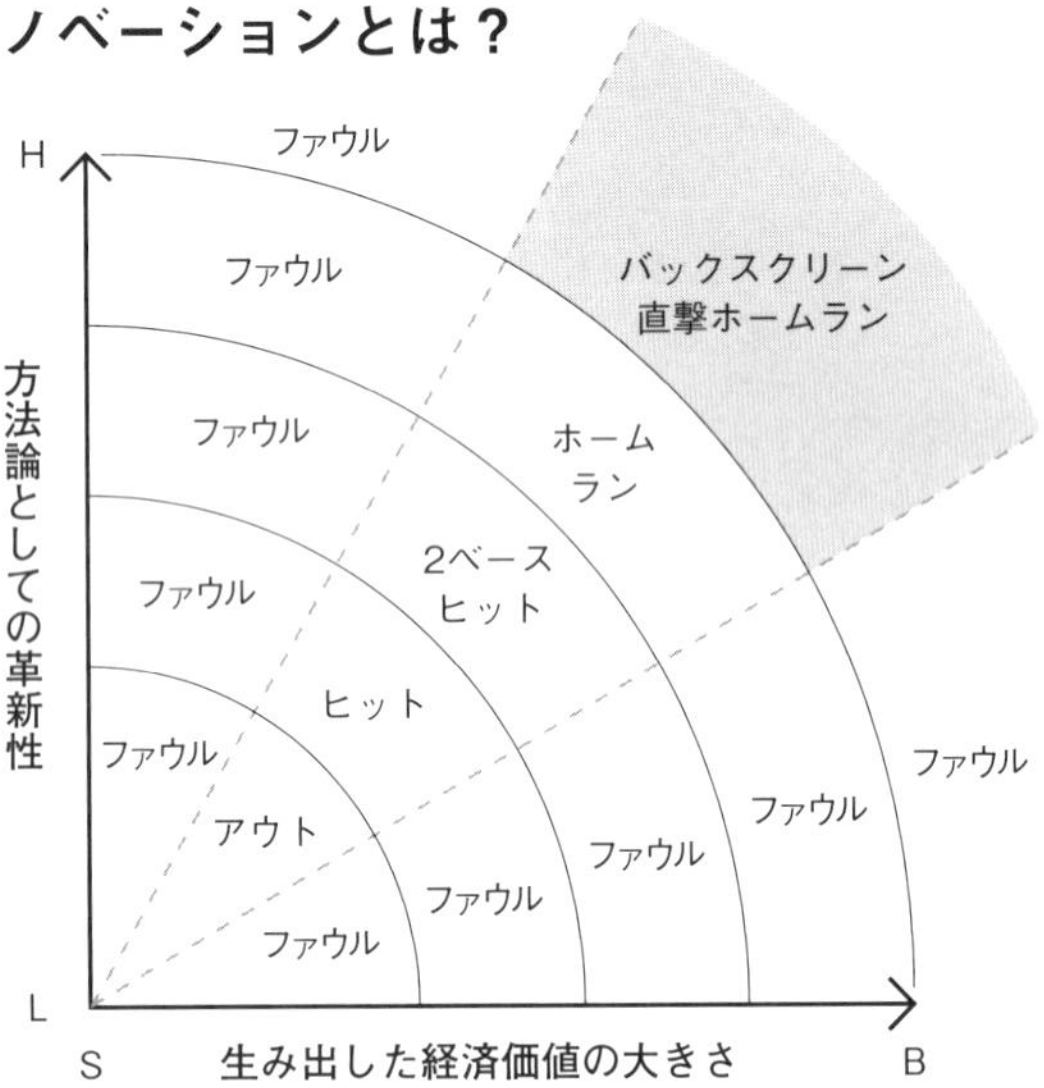

言って構わないと思いますが、多くの経営学者や実務家による定義の最大公約数となる要件を抽出すれば、「方法論としての革新性」と「生み出した経済価値の大きさ」という2点に収斂することになります。

これら2つの要件を、野球のスタジアムの左右両翼に当てはめて考えてみると、イノベーションというのは、ビジネスというフィールドにおける「バックスクリーン直撃のホームラン」だということがわかります。

方法論がどんなに革新的であっても、生み出した経済価値が小さい取り組みには「イノベーション」の称号は与えられません。世紀の大発明と言われながらも結局は一度も黒字化できなかったセグウェイ、あるいは世界初の携帯情報端末として期待されながらも大きな経済価値を生むことのなかったアップルのニュートンは、その典型例と言えます。

逆に、生み出した経済価値がいくら大きくても、方法論としての革新性がなければ、やはり「イノベーション」の称号は与えられることがありません。任天堂のＷｉｉ、あるいはアパレルのユニクロは大きな経済的成功をおさめましたが、これがイノベーションかと問われれば、多くの人は首をかしげるでしょう。

イノベーションとして結果的に「認識」されるかどうかは、この２つの要件が揃わなければならないわけですが、ここには２つの問題があります。

１つ目の問題は、両翼の１つである「経済価値の大きさ」が、事前に確定的に予知できない、極めて不確実性の高い要件だということです。もちろん、事業を手がける以上は誰であれ、大きく育ってほしいと考えるものですが、実際のところ、事業が生み出す経済価値の大きさは景気や競争状況などの外部要因によって影響される要素が大きく、事前に確定的に予測することはできません。つまり制御不可能な要因であり、いくら精緻な方法論を構築したとしても原理的にコントロールできないのです。

一方で、過去のイノベーションを振り返ってみれば、多くの場合、スケールは「結果的」に獲得されたに過ぎず、最初から確実に見込まれていたことはほとんどありません。たとえば、ソニーのウォークマンについては「販売数量が見込めない」という理由で営業本部長が頑なに製品化に反対していたことがよく知られています。

あるいは1987年に創業した米国の製薬会社、ギリアド・サイエンシズは今日、売上高で世界トップ10に入る巨大製薬会社となっていますが、彼らはもともと、誰もが「儲かるわけがない」と言って手をつけようとしなかった抗ウィルス剤にフォーカスを絞ったことで大成功しています。[*11]

これがパラドックスになっていることがわかるでしょうか？　イノベーションの要件に「経済価値の大きさ」が盛り込まれているのであれば、スケールの見通しが不透明なプロジェクトは忌避されることになります。しかし、イノベーションという営みには宿命的に高度な不確実性が伴うので、スケールを要件にしてしまうと「大化け」する可能性のあるアイデアを捨ててしまうことになります。

2つ目の問題は、両翼のもう一つである「方法論としての革新性」が、そもそもの定義からして「手法」に関する評価指標であり、これを目的にすること自体が本末転倒だということです。これは「私たちはなぜ働くのか」という根源的な問いにも関わる問題です。

私たちが事業を行って社会に働きかけるのは、何らかの本質的な豊かさを生み出したい、あるいは社会的な課題を解決したいと考えているからです。重要なのはそれらの目的が達成されるかどうかであって、方法論が革新的かどうかはさしたる問題にはなりません。極論すれば別に魔法や忍術でも構わないのです。[*12]

ところが「イノベーション」という定義には、方法論に関する要件が含まれてしまっています。

これはつまり「イノベーション」という手段を目的に設定してしまうと、手法についても縛りが生まれてしまうということを意味します。これがなぜ問題になるかというと「方法論の選択肢」を狭めることになるからです。

経営において「オプションの自由度」は死活的で重要な問題となります。だからこそファイナンス理論では「オプションの自由度」には経済的な価値、いわゆるオプションバリューがあると考える。しかし「イノベーションの方法論」は、その語義からして価値提供のための方法論に縛りを与えることになってしまいます。これが2つ目の問題です。

つまり、イノベーションというのは「結果として形成される認識」であって、初めからそこを目指して頑張るようなものではない、ということです。

先述した野球のアナロジーで考えてみれば、バッターが打席に入った際に狙うのは、まず何よりも「ヒットを打って塁に出る」ということ、数学的な表現を借りれば「得点の期待値を上げる」ということでしかありません。

もちろんヒットの数が増えれば、ヒットの数と相関して場外ホームランの数も増えるわけですが、最初からそこを狙ってバッターボックスに入っているようでは、まともなヒットすら打てるはずがありません。

オープンイノベーションがうまくいかない理由

この問題はまた、しばらく前に一大ブームとなったオープンイノベーションが、多くの組織において停滞している理由の説明にもなります。

オープンイノベーションをシンプルに説明すれば、それは組織の内部で発生した問題に対して、組織の外部から解決のアイデアを募るという仕組みです。こう説明すれば、それはそれで当たり前に有効だろうと思われるわけですが、かつて大々的に喧伝されたわりには華々しい成功事例は報告されていません。では何が課題なのでしょうか？

これまでの研究論文を調べてみると「失敗が許されない人事制度が壁になっている」「オープンイノベーションを推進する人材が不足している」「提携先を見つける機会が少ない」などの表層的な課題が指摘されていますが、[*13] おそらくこれらの課題が解決したとしてもオープンイノベーションはおぼつかないでしょう。

なぜなら、オープンイノベーションによって答えるべき「問題」そのものが枯渇している状況だからです。オープンイノベーションというのは、自分たちでは答えることのできない問題に対して、外部の知識や経験を活用していこうという考え方です。この場合、あくまで問題＝アジェンダを設定するのは自分たちであり、外部にはその解決策を提供することを求めるだけです。

ところが、現在の多くの組織では、そもそも「解答を出すべき問題＝アジェンダ」が明確になっていないことが多い。解決したい課題が不明確な状態で「何か儲かりそうなアイデアはありませんか」とお見合いを繰り返している、というのが多くの企業におけるオープンイノベーションの実情になっています。これは典型的なオールドタイプの思考モデルというしかありません。共感できる課題設定もないままに、いくら外部からアイデアやテクノロジーを募ったところで、大きなインパクトが生まれるわけがありません。

一方で、ニュータイプは「重大な課題を発見し、それを解決すること」を目指します。したがって、ニュータイプにとってオープンイノベーションは単なる手段でしかなく、目的にはなり得ません。ところが多くの企業においては「オープンイノベーションの実現」そのものが目的に掲げられており、実際に「解きたい課題」がどこかにスッ飛んでしまっていることが少なくない。手段を目的に取り違え、イノベーションだけを追求するのは典型的なオールドタイプの思考様式と言えます。

セグウェイはなぜ失敗したのか

先述した通り、ニュータイプは「スジの良い課題設定」を起点にしてイノベーションを駆動させます。つまり、重要なのは「課題の設定＝アジェンダシェイプ」だということなのですが、この指摘はまた、いたずらに先端的なテクノロジーを追い求めてもイノベーションはおぼつかないということを示唆します。

テクノロジーの革新が大きなビジネスの萌芽につながりうることは否定しませんが、基本的な生活上のニーズが満たされてしまっている現代においては、大きな問題＝アジェンダが不明確なままに、革新的テクノロジーを追求しても大きな富を創出するビジネスを生み出すことはできません。

この、考えてみれば実に当たり前の事実を、わかりやすい形でまざまざと示してくれたのが、21世紀の初頭において「世紀の大発明」と言われ鳴り物入りで登場したにもかかわらず、売上的にはさっぱりだったセグウェイです。

セグウェイについては、多くの「目利き」も惑わされました。試作品を見たスティーブ・ジョブズは「パソコンの発明以来、最も驚異的な技術製品だ」と絶賛し、10％の株式を取得することを申し出ています。さらには、この申し出が断られると、およそ彼らしくもなく、発明者の顧問となることを、それも無報酬で申し出ています。

ジョブズだけではありません。アマゾン創業者のジェフ・ベゾスは試作品に惚れ込み、すぐに関与をはじめ、発明者に対して「革命的な製品だ、必ずや爆発的に売れるだろう」と太鼓判を押しました。

さらに、グーグルその他への投資で大成功を収めた伝説の投資家、ジョン・ドーアはセグウェ

図4 世紀の大発明と言われた「セグウェイ」

©Andreas Geick

イ事業に8000万ドルの大金を投入し、「史上最短で10億ドルの売上を達成する企業になるだろう」と公言した上で、そのインパクトは「インターネットの登場を凌ぐものになるだろう」とまで言い切りました。

もちろん、こういった物言いは、事業に関わった彼ら自身、つまりステークホルダーをより有利な立場に導く予言であり、一種の情報操作であったと考えることもできます。したがって彼らが本心では、セグウェイに対してどのような予測をしていたかは、よくわかりません。

いずれにせよ、この製品は大方の予測を裏切り、10年以上を経過してもなお黒字化する目処が立たず、社会を変えることもありませんでした。

セグウェイは確かに画期的な製品でした。

私自身も使用した経験がありますが、そこに「乗り物の未来」を感じさせるインスピレーションが満ち溢れており、触れた人を興奮させる何かがあったことは認めます。しかし、この製品が社会に受け入れられることはありませんでした。

結局のところ、セグウェイは「どんな問題を解こうとしているのか、はっきりしない製品だった」というしかありません。用いられているテクノロジーがいくら先端的なものであっても、それがなんらかの社会的課題の解決につながらないのであれば、そのイノベーションが大きな価値を生み出すことはない、ということをセグウェイはわかりやすく示しています。

ここにもまた、オールドタイプとニュータイプの対比が立ち現われることになります。確かに、かつてのようにモノが不足し、社会にさまざまな問題が山積みしていた時代であれば、トレードオフを技術的に解消するためのテクノロジーやイノベーションには大きな需要があったでしょう。しかし先述した通り、今日の社会では、ソリューションが過剰に溢れかえる一方で、肝心要《かなめ》の「ソリューションによって解消したい課題」が希少になりつつあります。このような社会にあって、いたずらにテクノロジー主導のイノベーションを追求するのは、時代遅れのオールドタイプの思考・行動様式だと言わざるを得ません。

一方、ニュータイプは手段としてのイノベーションやテクノロジーにはこだわりません。手段ではなく、常に「解きたい課題」にレーザーのようにフォーカスを絞るのがニュータイプだということです。

まとめ

●イノベーションの停滞は「問題の希少化」によって発生している。良質な問題を定義することができないと、解決策としてのイノベーションもまた停滞することになる。

●イノベーションを起こそうとしてイノベーションを起こしたイノベーターはいない。彼らには常に、具体的な「解決したい課題」があり、それを画期的なアプローチで解決した結果として、その取り組みがイノベーションと呼ばれることになった。

●良質な問題の設定と革新的な解決手段の組み合わせによってイノベーションは成立するが、それはあくまで結果であって、当初からイノベーションを目的として設定するのはオールドタイプの思考様式である。

●オープンイノベーションの停滞もまた「課題」の不在という問題に関わっている。課題が不明確なままに、いたずらに解決策のみを追求しても、そこに大きなビジネスが生まれることはない。

●ニュータイプはあくまで「課題の設定とその解決」にこだわる。その方法論が画期的なものであり、また、生み出された経済価値が大きなものになれば、それは結果として「イノベーション」と呼ばれることになるかもしれないが、最初からそれを目的にして活動するのはオールドタイプの思考様式である。

構想力

オールドタイプ▼未来を予測する
ニュータイプ▼未来を構想する

3 未来は予測せずに「構想」する

（2008年の世界金融危機の最中、ロンドン・スクール・オブ・エコノミクスを訪れて）
これほど大規模な経済危機を、
なぜ誰一人として予測できなかったのですか？[*14]

——エリザベス女王

今の風景は誰かの意思決定の集積である

問題が希少化する世界にあっては、「未来を構想する力」が大きな価値を持つことになります。なぜなら、問題とは「あるべき姿」と「現状」とのギャップであり、「あるべき姿」を思い描くには必ず「未来を構想する力」が必要になるからです。

しかし、昨今のビジネス現場においては「予測＝未来はどうなるか」という論点が議論されるばかりで、より重要な「構想＝未来をどうしたいか」という論点はないがしろにされがちです。ここではこの問題、すなわち「予測と構想」の問題について考察してみましょう。

まず次のページの図5と図6を見てください。これは、コンピューターサイエンティストのアラン・ケイが、[*15] 1972年に発表した論文「A personal Computer for Children of All ages」の中で、「ダイナブック」というコンセプトを説明するために用いたイメージ図です。[*16]

この事実を知った多くの人は、おそらく「すごい、今から半世紀も前にタブレット端末の登場を予測していたのか！」と思うでしょう。しかし、それは完全に誤った解釈です。

アラン・ケイは未来を予測してこれを描いたわけではありません。そうではなく「こういうものがあったら素晴らしい」と考えた上で、そのイメージを具体化し、多くの人に働きかけたということです。つまり、アラン・ケイがやったのは「予測」ではなく「構想」だということです。

コンサルティング会社やシンクタンクには、よくクライアントから「未来予測」に関する相談が来ます。未来がどうなるか？　その未来に対してどんな準備をするべきか？　ということを検討してほしいという依頼ですが、個人的には実にナンセンスだと思っています。[*17]

これだけVUCAな世界になってなお、他人に将来を予測してもらって受験勉強よろしく「傾向と対策」を考えようなどというのは、まさに浅知恵と言うべき典型的なオールドタイプのパラダイムと言えます。

図5 ダイナブックの使用イメージ1

図6 ダイナブックの使用イメージ2

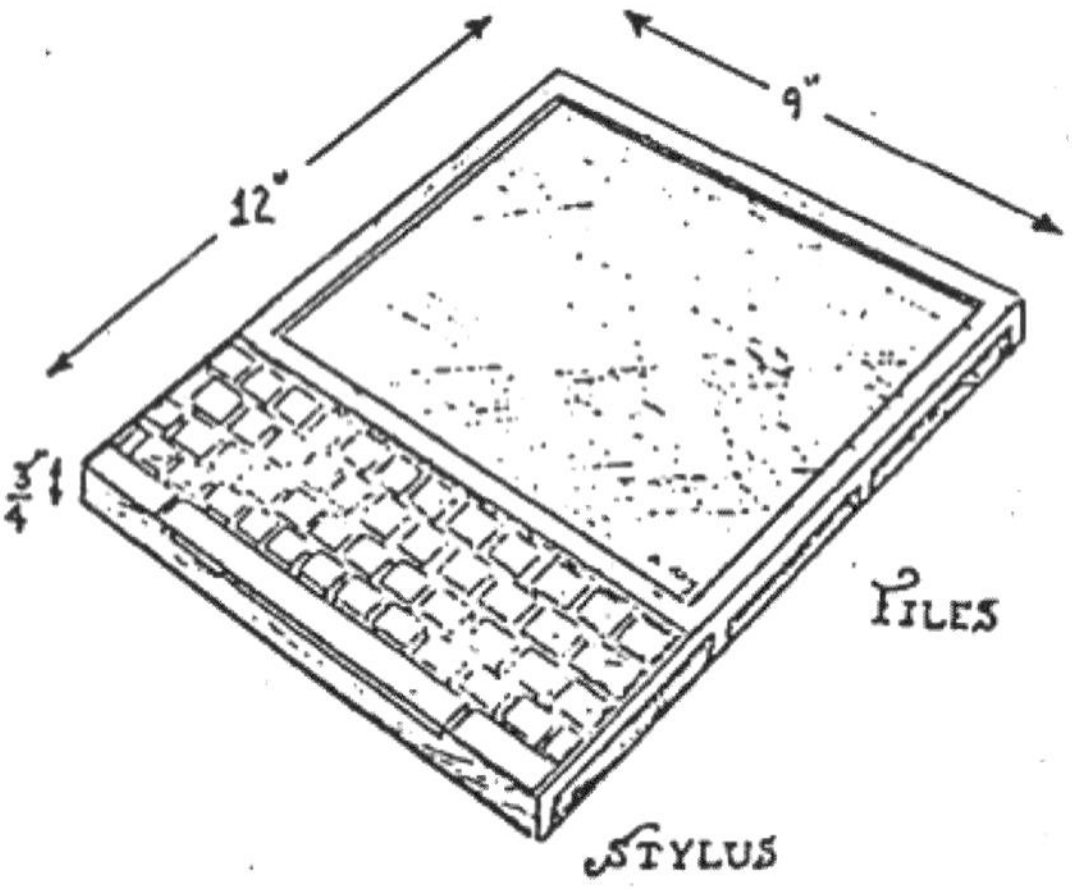

Alan Kay, A Personal Computer for Children of All Ages ©Alan Kay

一方で、ニュータイプは予測ではなく、構想します。「未来がどうなるのか?」ではなく「未来をどうしたいか?」を考えるのがニュータイプだということです。

今、私たちが暮らしている世界は偶然の積み重ねでこのようにでき上がっているわけではありません。どこかで誰かが行った意思決定の集積によって今の世界の風景は描かれているのです。それと同じように、未来の世界の景色は、今この瞬間から未来までのあいだに行われる人々の営みによって決定されることになります。

であれば本当に考えなければいけないのは、「未来はどうなるのか?」という問題ではなく「未来をどうしたいのか?」という問題であるべきでしょう。

20世紀後半に活躍した芸術家のヨーゼフ・ボイスは「社会彫刻」という概念を提唱し、あらゆる人々は、自分の美的感性と創造性をもって世界の形成に寄与するアーティストであるべきだと主張しました。もし私たちが、私たち自身のビジョンによって世界の形成に寄与するのだとすれば、大勢の人が関わっている予測などというものになんの意味があるのでしょうか。

繰り返しましょう。現在のように複雑で不透明なＶＵＣＡな世界にあって、予測の上に自分の身の振り方を考えようなどというのはオールドタイプのパラダイムでしかありません。ニュータイプは未来を構想し、構想した未来の実現のために意見を口にし、行動を起こすのです。

重要な局面ほど予測は外れる

予測などしても仕方がない、と指摘する2つ目のシンプルな理由を指摘しましょう。なぜなら「重要な局面で予測は必ず外れる」からです。

たとえば近年の典型例が2008年に発生した世界金融危機です。サブプライムローンの問題が誰の目にも明らかになったのは2007年夏のことでしたが、ここではその直前に提出された金融機関・シンクタンクの予測を振り返ってみましょう。

IMF（国際通貨基金）（2006年4月発表）

先ごろの金融市場の一時的な混乱にもかかわらず、世界経済は2007年、2008年にかけて依然、高い成長を維持すると見られる。米国経済は以前予想されたより鈍化しているものの他国への波及は限定的で、世界経済は持続的に成長していくと考えられる。*18

第一生命経済研究所（2007年5月発表）

足元で景気減速を示唆する経済指標も増えているが、こうした景気減速は軽微なものに留まり、景気の回復基調は崩れない。海外景気の減速やIT部門の調整は軽微なものに留まるとみられることに加え、設備投資も若干減速するものの底堅く推移する。[*19]

三菱UFJリサーチ&コンサルティング(2007年5月発表)

輸出や個人消費の拡大が成長に寄与する一方で、内需の柱の一つである設備投資が前期比マイナス0・9%と5四半期ぶりに減少した。(中略)しかし、今年後半になると景気は再び加速してくる。米国経済の減速が一巡して日本からの輸出にプラスに働く。デジタル関連財の在庫調整に目処がつき生産が拡大してくる。[*20]

まあこれくらいでやめておきましょうか。要するにどこも言っていることは同じで「ここ数年続いていた景気拡大が、この後も続くよ」と言っているわけです。しかし、金融危機は2007年夏のサブプライムローン問題に端を発しています。つまり多くのシンクタンクや金融機関は、その直前の時期、まさに足元がガラガラと崩れつつある状況にあってなお「まあ大丈夫だろう」という予測を出していた、ということです。

こういうことを私たちは歴史上、何度も経験しているにもかかわらず、相も変わらずに「予測」を求める人たちが後を絶たないのは一体どういうことなのでしょうか?

現在は過去と比較しても予測が難しいVUCAの時代に入りつつあります。このような時代に至って、いまだに「予測」をもとにして自分の行動を決しようとするオールドタイプのアクションは、必ず環境変化に対して「先を取られる」かたちとなり、さまざまなアクションは後手後手に回ることになります。

一方で、そのような環境変化を「先を取って」仕掛けるニュータイプは、先手先手にイニシアチブを取って融通無碍《むげ》に社会を運動し、より有利に物事を運んでいくことになるでしょう。

忘れてはならないのは、私たちを取り巻く環境の変化の多くは、天気のように自然に変わっているのではなく、どこかの誰かがイニシアチブを取って動き始めたことで駆動されている、ということです。

「未来予測」は原理的に不可能——人口予測さえ外れる理由

私自身も戦略コンサルティング会社にいた時分、随分と「未来予測」のプロジェクトには関わりましたが、この「未来を予測する」という行為には本質的なパラドックスが内包されていると常々思っていました。

というのも、予測というのはもともと「予測し得ないようなこと」が起きると大変困るからこそやるわけですね。ここ数年のあいだ続いている状況の延長線上に未来があるのであれば、誰も予測など必要としません。

しかし当たり前のことですが、「予測し得ないようなこと」は予測できません。だって予測できたら、それはすでに「予測し得ないようなこと」ではないわけですから。

経営における未来予測では、いわゆる「シナリオプランニング」の手法が用いられます。これは「過去に起こった最悪の出来事」に着目して「ワースト・ケース・シナリオ＝最悪のシナリオ」を作成し、そのシナリオを用いて将来のリスクを試算するという未来予測の手法です。いわゆる「ストレス・テスト」と呼ばれる手法ですが、ここまで読んで、このやり方には「本質的な矛盾」が含まれていることに気づきますか？

そう、過去に起きた「最悪の出来事」というのは、それが起きた時点において、当時の「最悪の出来事」よりもさらに悪い、未曾有の出来事だったということです。

いろいろと書いてきましたが、つまり「予測は難しい」どころの話ではなく、そもそも「原理的に不可能だ」ということです。同様の指摘をしているのが『ブラックスワン』『反脆弱性』などの世界的ベストセラーで知られる思想家のナシーム・ニコラス・タレブです。抜粋を引きましょう。


パネリストのひとりに、当時大手国際機関の副専務理事を務めていた加藤隆俊という人物が座っていた。彼はパネル・ディスカッションの前、彼と彼の部署の２０１０年、２０１１年、２０１２年、２０１３年、２０１４年の経済予測を示す簡単なパワーポイント・プレゼンテーションを実施した。（中略）この場合、（危機の起こった）２００８年と２００９年の２〜５年前、つまり２００４年、

2005年、2006年、2007年にどんな予測をしていたかを訊《たず》ねるのだ。そうすれば、尊敬すべきカトウサンや彼の同僚たちが、控えめに言っても予測があんまり得意でないことが証明されるはずだ。それは加藤氏だけではない。政治や経済のまれな事象を予測することにかけては、私たちの成績は0点に近いどころではない。0点なのだ。

――ナシーム・ニコラス・タレブ『反脆弱性［上］』

予測が不可能だというのは、何も今に始まった話ではありません。たとえば、昨今の日本では少子化による人口減少の予測が危機感をもって議論されていますが、他国における過去の少子化による人口減少の予測は、これまでほとんどが外れたということをご存知でしょうか？

たとえばイギリスでは20世紀初頭に出生率が大きく低下した時期があり、政府や研究機関はさまざまな前提をおいて人口予測を作成しました。彼らが作成した17パターンの人口予測を現在振り返ってみると、そのうち14は人口減少を予測していて完全に外れ、残る3つも人口増を予測したものの、その増加は実際の人口増をはるかに下回るものでしかありませんでした。

結果から言えば、政府やシンクタンクがまとめた17の人口予測をはるかに上回って人口は増加した、というのが20世紀初頭のイギリスのケースです。

また、アメリカの出生率も1920年代に低下し始めて1930年代まで下がり続けました。この事態を受けて1935年に発表された人口予測では、1965年にはアメリカの人口は3分の2まで減少するだろうと予測されましたが、この結果も大きく外れています。

第二次世界大戦が始まると急に結婚率が高まり、それにつれて出生率も大幅に上昇した結果、1965年には人口が減るどころではなく、逆にベビーブームが到来したわけです。

人口動態のように統計がしっかりと整備されていて比較的未来予測がやりやすい分野においてもこのザマなのですから、これが他分野になると目も当てられません。典型例がコンサルティング会社やシンクタンクなどが行っている「未来予測」です。

1982年、当時全米最大の電話会社だったAT&Tは、コンサルティング会社のマッキンゼー&カンパニーに対して「2000年時点での携帯電話の市場規模を予測してほしい」と依頼しました。この依頼に対してマッキンゼーが最終的に示した回答は「90万台」というものでしたが、この予測は完全に外れ、結果的に市場規模は軽く1億台を突破しました。

この悲惨なアドバイスに基づき、1984年、当時AT&Tの社長だったブラウンCEOは携帯電話事業を売却するという致命的な経営判断を行い、以後AT&Tはモバイル化の流れに乗り遅れて経営的に行き詰まり、最終的には自ら切り離したかつてのグループ企業であるSBCに買収され、消滅するという皮肉な最後を迎えます。[*21]

莫大な調査費用をかけ、超一流のリサーチャーを使って行われた予測だったはずですが、文字通り「桁外れ」で予測を外しているわけです。コンサルティング会社には守秘義務があるので、こういった悲惨なプロジェクトが公になることはなかなかありませんが、業界に長くいた私からすれば、こういう悲劇（喜劇？）は「しょっちゅう起きている」という印象があります。

これはなにも、コンサルティング会社の能力や予測モデルに問題がある、ということではなく、先述した通り、非連続な変化に対して、専門家の予測というのは「原理的に外れるのが当たり前だ」ということです。

人工知能に奪われる仕事など考えても仕方がない

未来は予測するものではなく、構想するべきだという指摘はまた、昨今の人工知能を取り巻く混乱についても当てはまります。

ここ数年ほどのあいだ、さまざまな論者や研究機関が「人工知能に奪われる仕事は何か」という予測を行ってきました。たとえば２０１３年には、オックスフォード大学のマイケル・A・オズボーン准教授を中心とする研究グループが「人工知能に代替されやすい職業」をリスト化し、「20年後、米国の雇用者の47%が機械によって代替される」という分析結果を公表しています。

リストそのものはなかなか興味深いのですが、こういった予測は人騒がせなだけで実際には当たらないので、ここでリストを取り上げて考察することはしません。ここであらためて考えたいのは、この「問い」の前提となっている視座の低さです。

人工知能という汎用性の高いテクノロジーが実用になりつつある今、私たちが問わなければならないのは、むしろ「人工知能を人間が手にしたことで、私たちにどのような可能性が開けるのか」という問いであり、さらには「テクノロジーによって私たちはどのように人間を進化させられるのか」という問いであるべきでしょう。

過去の歴史を見れば、テクノロジーの進化が功罪相半ばするものだということは否定できません。テクノロジーの危険性を指摘して発達や社会への実装を牽制しようという動きもありますが、過去の歴史を振り返れば、そのような営みは結局、すべて失敗に終わっています。

つまり、私たちはテクノロジーの進化にブレーキをかけることはできません。であれば私たちはオプティミストになるしかありません。進化を止めることのない人工知能の前に立ちすくんで「誰が仕事を奪われるか」などという予測をして、その予測に振り回されても仕方がない。このように不毛な予測に時間と労力をかけ、出てきた予測に一喜一憂しているオールドタイプは環境変化に引きずり回され、人生のイニシアチブを失うことになるでしょう。

一方で、進化するテクノロジーを用いることで、現在の社会が抱える課題をどのように解決できるかを考えるニュータイプは、環境変化を自らのチャンスに変えていくことで、大きな豊かさを生み出していくことになるでしょう。

まとめ

●過去の未来予測の多くは、未来予測がまさに必要だった「決定的な局面」でこそ、ことごとく外れてきた。これはなにも予測の巧拙の問題ではなく、予測という行為が本質的に持っている原理的な難しさに起因している。

●これまでの予測が決定的な局面ですべて外れてきたのと同じように、現在私たちが行っている数多くの予測も、どうでもいいときには予測通りとなり、決定的な局面においては外れることになるだろう。

●現在、企業の経営計画策定においては、まず環境変化を予測し、予測された変化に適応するため活動を計画するということが一般的に行われているが、ますますＶＵＣＡ化する世界において、このような思考様式はもはやオールドタイプとなっている。

●一方で、ニュータイプは未来を構想し、構想した未来の実現に対して周囲を引きずるようにして運動する。イニシアチブをとって運動するニュータイプにとって、やってくる未来は必然的に「予定通り」のものとなる一方で、未来を予測し、その予測に右往左往しているオールドタイプにとって、やってきた未来は「青天の霹靂《へきれき》」となる。

＊5 "Computers Are Useless. They Can Only Give You Answers." Quote Investigator. November 5. 2011. https://quoteinvestigator.

com/2011/11/05/computers-useless/

＊6 https://www.wsj.com/articles/m-b-a-applications-keep-falling-in-u-s-this-year-hitting-even-elite-schools-1538366461

＊7 このような指摘をすると短兵急に「もう経営学の時代は終わった」と断じる人（断じたがる人）がいるが、筆者はまったくそのようには考えていない。「学位の価値」と「学問の価値」を混同しないように注意する必要がある。筆者は、むしろ経営学という学問の本質的な重要性は今後、ますます増していくだろうと思っている。

＊8 もちろん、これはハードのコストに関する単純計算であり、ディープブルーに搭載されたソフト＝プログラムの開発コストに関しては別ということになる。しかし、いずれにせよ「破壊的な低価格」であることに変わりはない。なぜならプログラムはまさに限界費用ゼロで追加生産が可能だからだ。仮に開発に１００億円かかったとしても、これを１００万台のコンピューターに搭載すれば一台あたりのコストは1万円にしかならない。

＊9 マルクス・アウレリウス『自省録』より。

＊10 マルクス・アウレリウス・アントニヌス（１２１年4月26日～１８０年3月17日）は、第16代ローマ皇帝（在位：１６１年～１８０年）。ネルウァ＝アントニヌス朝では第5代皇帝。ストア哲学などの学識に長け、良く国を治めたことからネルウァ、トラヤヌス、ハドリアヌス、アントニヌスに並ぶ皇帝（五賢帝）と評された。

＊11 https://answers.ten-navi.com/pharmanews/13709/

＊12 日本初の独立系技術コンサルタントとして日本の飛躍的な工業発展に貢献した西堀榮三郎氏は、よく部下に対して「忍術でもええで」と言っていた。リーダーの仕事は「課題を設定する」ことであり、課題解決の手法については部下に任せるべきだ、というのが西堀氏の生涯を通じて変わらないマネジメントの方針だった。

＊13 『オープンイノベーション白書　第二版』より。https://www.nedo.go.jp/content/100879992.pdf

＊14 この女王からの質問に対して、その場で答えられなかった経済学者たちはその後、女王への回答ということで書簡をまとめている。いろいろと書いてあるが、理由は要するに「油断していた」ということらしい。
https://economistsview.typepad.com/economistsview/2009/07/why-had-nobody-noticed-that-the-credit-crunch-was-on-its-way.html

＊15 アメリカの計算機科学者、教育者、ジャズ演奏家。パーソナルコンピューターの父、と言われることもある。オブジェクト指向プログラミングとユーザインタフェース設計の開発に大きな功績を残した。「未来を予測する最善の方法は、それを発明することだ」という名言でも知られる。

＊16 http://www.vpri.org/pdf/hc_pers_comp_for_children.pdf

＊17 付言すれば、筆者の20年にわたるコンサルティング業界での経験から、コンサルティング会社に未来予測を依頼してくる会社は、大体その後でどこかと合併するか、急速に業績を低下させることが多いと感じている。

*18 https://www.imf.org/external/pubs/ft/weo/2007/01/jpn/sumj.pdf

*19 https://www.dai-ichi-life.co.jp/company/news/pdf/2007_009.pdf

*20 https://www.murc.jp/report/economy/archives/economy_prospect_past/short_past/er_070521/

*21 http://digital-stats.blogspot.com/2014/07/mckinsey-company-projected-that-there.html

THE RISE OF
NEWTYPE

第3章 ニュータイプの競争戦略

〉「役に立つ」から「意味がある」へ

意味のパワー

オールドタイプ▼目標値を与え、KPIで管理する
ニュータイプ▼意味を与え、動機付ける

4 能力は「意味」によって大きく変わる

もし船を造りたいのなら、男たちをかき集め、木材を集めさせ、のこぎりで切って釘で留めさせるのではなく、まず「大海原へ漕ぎ出す」という情熱を植え付けねばならない。

――アントワーヌ・ド・サン＝テグジュペリ

ケインズの予言は本当に外れたのか？

20世紀前半に活躍したイギリスの経済学者、J・M・ケインズは、1930年に発表した小論文「孫の世代の経済的可能性」（山岡洋一訳『ケインズ説得論集』）の中で「将来の人は週に15時間しか働かなくなる」と予言しています。すなわち、技術が進歩するにつれて、単位労働時間あたりの生産量は増えるので、ニーズを満たすために働かなければならない時間は次第に減り、や

がてはほとんど働かなくていい社会がやってくるだろう、と予測したわけです。

もちろん皆さんもよくご存知の通り、この予言は外れることになったわけですが、なぜ、かくもシンプルなロジックに基づいた予言が外れることになったのでしょうか？

経済学者が大筋において合意している結論は、ケインズの未来予測は「生産性の継続的な向上」という点では驚くほど的確だったが、「ニーズの総量は一定である」という前提において誤っていたというものです。確かに、労働時間が100年前とほとんど変わっていない現状を踏まえれば、そのような結論が導かれることになるでしょう。

しかし、私はあえてその結論に対して異論を提示したいと思うのです。その異論とはつまり「ケインズの予測は本当に外れたのか？」という問題です。

確かに、表面的には先進国の労働時間はケインズの時代とほとんど変わっておらず、1日に3時間しか働かない社会が到来する、というケインズの予測は外れたように思います。しかし、このように考えることはできないでしょうか？

すなわち、ケインズの予言は実現した。有史以来、人間を悩ませ続けてきた「不満・不安・不便」を解消するために重要な労働は、1日に3時間程度で済むようになった。残りの時間は、実質的な価値を生み出さない「虚業的労働」に陥っている、という考えです。

このような仮説は唐突に響くかもしれません。しかし、ケインズのこの論文を噛むようにして読んでいくと、当のケインズ自身もこのような状況が発生することを予測していたように感じられるのです。抜粋を引きましょう。

> しかし思うに、余暇が十分にある豊かな時代がくると考えたとき、恐怖心を抱かない国や人はないだろう。人はみな長年にわたって、懸命に努力するようしつけられてきたのであり、楽しむようには育てられていない。とくに才能があるわけではない平凡な人間にとって、暇な時間をどう使うのかは恐ろしい問題である。
>
> ――J・M・ケインズ『ケインズ説得論集』

この文章を読むと、ケインズ自身も、1日3時間労働が実現すると、余暇に耐えられない多くの人々によって、余った時間を埋め合わせるための「実りのない仕事」が生み出され、そして多くの人は、それらの仕事のあまりの「実りのなさ」に耐えられず精神を病んでしまう、ということを予測していたように思います。

これが、1章のメガトレンドで説明した「クソ仕事の蔓延」という問題の背景ですが、このトレンドはどうも全世界的に進行しているようで、たとえばロンドン・スクール・オブ・エコノミクスの社会人類学教授、デヴィッド・グレーバーは、2018年に著した書籍『Bullshit Jobs: A Theory（クソ仕事：その理論）』（未邦訳）において「世の中の仕事の過半数は無意味なクソ仕事だ」と指摘しています。

モチベーションが経営資源として希少化している

前節で指摘した点、つまり私たちの労働の多くが実質的な価値を生み出さないクソ仕事に陥っているという仮説は、さまざまな組織研究・調査からも示唆されています。

たとえば社員意識調査の大手であるギャロップ社によると「仕事に対して前向きに取り組んでいる」と答える従業員は全世界平均で13％しかいません。[*22]

また、日本のリクルートキャリアによる「働く喜び調査」でも、「働く喜び」を感じていると答えた人は全体の14％となっており、[*23] その他の調査も含めてまとめれば、およそ8割から9割の人は、自分の仕事を「どうでもいい」と考えており、「意味」や「やりがい」を見出せていないことが示唆されています。これはつまり、現在の企業では「モチベーション」が経営資源として希少化している、ということを意味します。

このような世界にあって、仕事の「意味」の形成をないがしろにしながら、目の前の仕事で設定されたＫＰＩ＝経営管理指標の数値を高め、生産性を上げようとするのは典型的なオールドタイプの思考様式と言わざるを得ません。一方で、仕事に「意味」を与え、携わる人から大きなモチベーションを引き出すのがニュータイプということになります。

人のモチベーションは可変量関数——やる気は「意味」次第で増減する

意味を語らず、ひたすらにKPIに代表される目標値を振りかざして部下を叱咤するオールドタイプと、目的と意味を語り、部下のモチベーションに訴えるニュータイプとでは、組織から引き出せるパワーに大きな差が生まれることになります。なぜなら、人のモチベーションの量は「意味」によって大きく変わるからです。

経営資源として挙げられるヒト・モノ・カネのうち、ヒトにだけあってモノとカネにはない最大の特徴は、その「可変性」にあります。神戸大学で長らく経営学の教鞭をとった経営学者の加護野忠男は次のように指摘しています。

> 資本と比べた労働に固有の性質は、価値の可変性にある。
>
> ——加護野忠男『経営の精神』

モノもカネも一旦確定すれば、その後で量が変わるということはありませんが、ヒトの能力はそれを導くリーダーの「意味」の与え方によって簡単に増減します。リーダーが「意味」を与えることによって、ヒトというリソースから大きな能力を引き出すことができるのだとすれば、そのようなリーダーには大きな経済的価値が生まれることになります。

現在、日本企業でもいわゆる「人材アセスメント」を導入する企業が増えています。一般的な人材アセスメントではコンピテンシーを測定するインタビューや360度評価を通じて対象となる個人の能力を数値化し、その結果に基づいて登用・育成・配置の意思決定を行います。このアプローチは極めてアメリカ的であり、非常に合理的に聞こえるかもしれませんが、それこそ「浅知恵」と言うべきであり、非常に大きな問題を内包しています。決定的なのは、人間が発揮している能力を静的なものとして捉える、その世界観です。

これがなぜ問題かというと、人が発揮する能力やコンピテンシーは、その人に対して与えられた「意味」によって大きく変わってしまうからです。能力やコンピテンシーというのは静的なものではなく、文脈に依存して大きく変化する動的なものです。なんの「意味」も与えられていない状態で動機付けされていない人を評価すれば、その人が発揮している能力やコンピテンシーが低く評価されるのは当たり前のことです。

昨今では「部下がだらしない、使えない」と嘆いている管理職がどこの組織でも見られますが、これは典型的なオールドタイプの思考モデルであり、本当に嘆くべきなのは「部下を動機付ける『意味』が与えられない」自分の不甲斐なさであるべきでしょう。

新約聖書は「意味のパワー」を示している

意味を与えると人は豹変する。これをよく示しているのが新約聖書福音書の物語です。福音書の物語にはさまざまな示唆がありますが、最も重大な示唆の一つとして「意味を与えられた人は豹変する」という点が挙げられます。

ペテロをはじめとしたイエスの12人の弟子たちは、イエスの生前においてはまったく見るべきところのない意気地なしの集団に過ぎません。弟子の中で一番偉いのは誰かと口論してイエスにたしなめられながら、[*24]実際にイエスが捕縛され、処刑される状況になってみると誰一人としてイエスを助けようとせず、スタコラサッサと逃亡してしまう。[*25]まさに「残念な人たち」の集団です。

ところが、この弟子たちは、イエスの復活・昇天後に、炎のような強さを持った伝道師集団に豹変します。彼らの働きがなければ、当時、禁教とされていたキリスト教がローマ社会において広がることはなかったでしょうし、もしそうなっていれば今日のこの世界の様相もだいぶ異なったものになっていたでしょう。

要するに、この「情けない弟子たち」の働きによってこそ、キリスト教は世界宗教としての礎《いしずえ》を築くことができたわけですが、しかし、実際に布教の成果を見届けた弟子はおらず、ヨハネ以外の11人は皆、槍で貫かれる、逆さ磔《はりつけ》にされる、崖から突き落とされる、棍棒でぶん殴られ

図7 イエスと12人の弟子たち

The Last Supper Restored - Leonardo Da Vinci

るなど、悲惨な拷問を受けた末に殉教しています。

彼らが拷問を受けた理由は言うまでもなく、禁教とされたキリスト教を棄教せず、信仰し続けたからです。あれほど惰弱で蒙昧《もうまい》だった「情けない弟子たち」が、過酷な拷問を受けながらも信仰を捨てず、福音を伝えることに命をかける「炎の伝道師」へと豹変したのです。

なぜイエスの弟子たちは「豹変」したのでしょうか。それは、自分たちの人生に「意味」を見出したからです。その意味とはつまり「キリストの福音を世界に述べ伝える」ということです。その「意味」が与えられただけで、彼らの能力や行動は非連続的に変化しました。

このエピソードはそのまま、意味を与えら

れるリーダーが、いかに他者から大きなエネルギーを引き出すことができるかを示しています。

モチベーションは現代社会の最大の資源

他者からモチベーションを引き出すには「意味」が重要であり、「意味」の与え方によって人の働き方には雲泥の差が生じてしまうということになれば、この「意味」を引き出すニュータイプの能力こそが組織の競争力を左右することになります。

特に、これから先、多くの組織において中核をなすことになるミレニアル世代の人々は「意味」の有無に対して極めてシビアな評価視点を持っています。

たとえばコンサルティング会社のデロイトが2015年に世界29カ国のミレニアル世代(1980年から2000年までに生まれた世代)を対象に行った調査によれば、就職先を選ぶ基準として、給与でも製品でもなく、「その企業が事業を行っている目的」を重視すると答えた回答者が6割を超えています。[*26]

また、イギリスのガーディアン紙によるミレニアル世代を対象とした調査では、高い給料をもらうよりも人のためになる仕事をしたい=44%、勤務先が社会に貢献していると働く意欲が増す=36%となっています。この社会貢献志向ともいえるミレニアル世代の傾向はリクルートワークス研究所による調査でも指摘されています。つまり、彼らは職業選択にあたって「意味」を極めて重視している、ということです。

このような傾向について「最近の若者は草食系で元気がない」という指摘をする年長者もいるようですが、これは自分の枠組みでしか世界を評価できない典型的なオールドタイプのコメントと言えます。そうではない、むしろ「社会をより良い方向に変化させたい」というエネルギーのレベルはミレニアル世代の方が高く、その発露の仕方や方向性が違うということなのです。

現在の年長者がまだ若者だった１９８０年以前の時代は「モノ」が希少で「意味」が充足している時代でした。一方で現代という時代は先述した通り「モノ」が過剰で「意味」が希少になっています。

つまり、いつの時代にあっても、その時代の「若者」というのは、常に「その時代に足りないもの」についてハングリーなだけだということです。モノが過剰に溢れる一方で、意味が枯渇している社会にあって、若者が「モノ」に対してハングリーになれないのは当たり前のことです。

このような時代にあって、ひたすらに金銭やモノを褒美としてチラつかせながら、意味を与えることもなく他人をコントロールしようとするのは典型的なオールドタイプのマネジメントパラダイムであり、今後は有効に機能しません。

一方で、ニュータイプは「意味」を明確にします。常に大きな背景として「意味」を示しながら、その前景にクリアすべきタスクと目標を示すのがニュータイプなのです。

戦争をなくすことを掲げる格安航空会社

21世紀に入って大きな存在感を示している会社の多くが「ミッション」を明確に定義しているのは、このような世界において才能ある人材を集め、彼らの潜在能力を全開させるためには「意味」が重要だということを、彼らもまた理解しているからです。

たとえばグーグルが「世界中の情報を整理し、誰もがアクセスできる世界をつくる」ということをミッションに掲げていることはよく知られていますし、スティーブ・ジョブズはアップルのミッションを尋ねられた際に「人間の知性にとっての自転車をつくる」と答えています。[*27] これはつまり「何のために存在する会社なのか」という「問い」に対して明確な「意味」を与えているということです。

これはなにも、グーグルやアップルのような最先端のIT企業にしかできない、ということではありません。既存産業にあっても、自分たちの存在にユニークな意味を与えることは可能です。

たとえば、LCC（格安航空会社）として独自の存在感を放っている日本のピーチ・アビエーションを取り上げてみましょう。全日空から転籍されたピーチの井上慎一社長と創業当時にお話しさせていただいた際、筆者からの「ピーチは何のために存在する会社なんですか」という不躾な質問に対して、井上社長は「よくぞ聞いてくれた」という表情をしながら、ゆっくりと「それは戦争をなくすためですよ、山口さん」と即答されていました。

格安航空会社と世界平和とはそう簡単に結びつきません。当惑する筆者に対して井上社長は次のように説明してくれました。

「過去には日本とアジアの国々とのあいだで不幸な出来事がありましたね。ああいうことを二度と起こさないために、友達がいろんな国にいるという状態にしたいんです。そのためには若いうちからどんどん外国に出て、いろんな文化に触れ、たくさんの人と知り合ってほしい。ではどうするか？　財布の軽い若い人でも乗れて、いろんな国に行ける、そういう航空会社が必要なんです。ピーチはそれをやるんです」

極めてわかりやすい「意味」です。この意味があるからこそ「コストを下げよう」「路線の数を増やそう」という経営上の課題に対してシラケることなく、創意と工夫を引き出すことができるのです。なぜなら「コストを下げる、路線を増やす」という「量的目標」に、ちゃんと「意味」が裏打ちされているからです。

今日、苦戦が続く日本のＬＣＣ業界において「唯一の勝ち組」と言われるピーチですが、その勝因の１つは、井上社長の掲げる「意味」にもあると考えられます。先述した通り、「ヒト・モノ・カネ」の３つの経営資源のうち、「ヒト」だけにあって「モノ・カネ」にはない固有の特徴として「可変性」があります。

「モノ」も「カネ」もいったん量が決まってしまえば、それが後で変わることはありませんが、

「ヒト」は与えられる「意味」の豊かさによって放出するエネルギーの量が大きく変わります。格安航空会社という、極めてシビアな経営資源管理が求められる業態において、「意味」を明確に掲げるリーダーによって率いられている組織が、他社を大きく凌ぐパフォーマンスを上げているというのは極めて示唆的だと言えます。

企業の競争優位はコストやスピードなど、さまざまな要因によって形成されることになりますが、今日のように「意味」が枯渇している社会では、その組織が掲げる「意味」が、従業員や顧客を惹きつける競争優位の源泉、いわば「パーパスアドバンテージ」として競争を左右する要因となりつつあります。

このような時代にあって、いたずらに売上や生産性などのKPIに代表される「乾いた目標」だけを掲げて叱咤するという、かつて日本において主流だったオールドタイプのリーダーは、組織からモチベーションも創造性も引き出すことができません。ニュータイプのリーダーは、仕事の背景をなす大きな「意味」を明らかにすることで、組織からモチベーションと創造性を引き出すのです。

まとめ

- 生産性が向上しているにもかかわらず、労働時間が減っていない理由として、私たちの仕事のかなりの部分が、実際には意味のない「クソ仕事」になっている可能性がある。その状況を示唆するように、各種の調査によれば、多くの人が自分の仕事に「やりがい」や「意味」を感じることができていない。

●人的資源には可変性がある。人の発揮する能力を静的なものとして考える傾向があるが、実際には人の能力は与えられた「意味」によって大きく変わる。したがって「意味」を与えることができるニュータイプは、組織から大きな潜在能力を引き出すことができる。

●現在の社会では、ヒト・モノ・カネのうち最も貴重な資源が「ヒトのモチベーション」となっている。このような世界にあって、意味を与えモチベーションを引き出すニュータイプが組織の競争力を引き上げる一方で、ひたすらに目標値とKPIだけに頼って生産性を上げようとするオールドタイプはモチベーションを破壊し、組織のパフォーマンスを低下させる。

●ミレニアル世代は、他の世代に輪をかけて「意味」を仕事選びにおいて重視する傾向がある。今後、これらの世代が組織の主力になっていくことを考えれば、意味を与えらえるニュータイプと目標しか与えられないオールドタイプのあいだには、組織から潜在能力を引き出すという点において、大きな差が生じることになる。

●特殊な事業やカリスマ経営者しか「意味」を形成できないと考えるのは誤りである。伝統的な既存産業の中にあっても、ニュータイプは自分の構想力と美意識を用いて、人を奮い立たせるような意味を生み出し、モチベーションを引き出す。

限界費用ゼロ

オールドタイプ▼スケールを求めて市場におもねる
ニュータイプ▼自分がやりたいことにフォーカスを絞る

5 「作りたいもの」が貫通力を持つ

狭い門から入りなさい。滅びに通じる門は広く、その道も広々として、そこから入るものが多い。[*28]

——新約聖書

20世紀は「メディア」と「流通」がビジネスのあり方を決めた

18世紀の産業革命以来、「強いビジネス」とはすなわち「大きなビジネス」のことでした。巨大な資金によって垂直統合型のビジネスモデルを構築し、大量生産したものを巨額の広告費をかけて広範な流通網で売りさばく、という暴力的なビジネスこそが常に勝者であり、資金を集められないもの、大量に生産できないもの、巨額の広告費を捻出できないものは、日陰で細々と生きていくしかありませんでした。

そのような時代を長らく過ごした私たちは、スケールこそがビジネスにおける成功のカギだということを刷り込まれてしまっています。しかし今日に至って、かつてスケールがもたらしてくれたメリットの数々は縮小・消失しており、場合によってはむしろ競争力を削ぐ要因となりつつあります。

この変化を促進している最大の要因がメディアと流通の変化です。20世紀の後半にインターネットが普及するまで、サービスや商品を世の中に告知するためには、新聞やテレビなどのマスメディアに頼らざるを得ませんでした。

これらのメディアはきめ細かなターゲット設定には向いておらず、必然的に多数派となる大衆の好みそうな商品やサービスを開発し、それをテレビや新聞などのマスメディアを通じて告知し、巨大な流通機構を通じて販売するというモデルに行き着かざるを得ませんでした。これはつまり、マーケティングの手段でしかない広告や流通の枠組みが、商品やサービスのありようを規定していた、ということです。

従来、マーケティングの2大パラダイムとされてきたものに「プロダクトアウト」と「マーケットイン」という概念があります。前者が初期のフォードに代表される、大量に作って大量に売る「先に製品ありき」の考え方に根ざしているのに対して、後者はそれに対するアンチテーゼとして、市場のニーズや欲求を精密にスキャンして顧客のニーズに応える「先に顧客ありき」という態度から生まれてきた考え方と捉えられています。

ところが、20世紀後半において支配的になったマーケティング計画作成のプロセスをよく見てみると、実際にはそのどちらでもなく、製品やサービスのありようは、プロダクトとマーケットのあいだをつかさどるメディアや流通の枠組みに規定されてしまっている、ということに気がつきます。

つまり、先に製品ありきでそれを市場に押し出す「プロダクトアウト」でもなく、顧客ニーズに基づいた製品やサービスの企画が先に立つ「マーケットイン」でもない、両者の中間をつかさどるメディアや流通のありようが、プロダクトと顧客ターゲットの双方を必然的に規定する「メディアアウト」ともいうべきパラダイムに縛られていたということです。

その結果、メディアと流通の枠組みに乗りにくいサブスケールのサービスや商品は大きなハンディキャップを背負うことになる一方で、多数派となる大衆に向けた製品を大量に生産し、それを巨額のマーケティング費用をかけてメディアと流通に乗せて売り切るという戦術パターンを採用する企業には強烈なスケールメリットが生じました。

消失する「スケール」と「フォーカス」のトレードオフ

これまで長いこと、マーケティングや経営学の世界では「フォーカス」と「スケール」はトレードオフの関係にあり、これを両立させようとすることは一種の「ないものねだり」だとされてきました。

たとえばマイケル・ポーターの競争戦略論においては「コストリーダーシップ」と「差別化」の2つが戦略の基本アプローチであり、これらを両立しようとすれば中途半端な状況に陥って競争力を失うとされ、明確に「悪手である」と指摘されています。

しかし今日、このトレードオフは性質を変えつつあります。その変化を促進している要因がグローバル化とテクノロジーです。昨今、グローバル化が与えるビジネスへの影響についてはさまざまな点が議論されていますが、この「フォーカスとスケールのトレードオフの解消」という、極めてインパクトの大きいポイントについては不思議なことにあまり取り上げられることがないので、ここであらためて指摘しておきたいと思います。

たとえば日本国内というローカル市場において、出現率が5%しかないニッチセグメントにフォーカスを絞ってビジネスを行えば、潜在顧客は600万人（＝1・2億人×0・05）しかいません。

一方で、出現率が50%のメジャーセグメントに向けてビジネスを行えば、潜在顧客は10倍の6000万人ということになります。ビジネスのサイズが10倍違うということになれば、原材料の購入やマーケティングの展開などにおけるスケールメリットも大きく異なってくることになるため、どうしてもフォーカスを絞ったビジネスはコスト面や展開力といった点でハンディを負うことになります。

図8 2007年に販売された主な携帯電話

auの2007年秋冬モデルとiPhone初号機
https://www.itmedia.co.jp/mobile/articles/0710/16/news029.html
https://support.apple.com/ja-jp/HT201296

必然的に、誰もが市場調査を用いて「大きな市場セグメント」という漁場を特定し、彼らの好みにおもねるようにして製品やサービスを開発する、というのが「マーケティングの定石」となったわけです。しかし、これが「同質化の罠」という泥沼へと日本企業を陥れていくことになります。

わかりやすい例が携帯電話です。アップルの初代iPhoneが発売された2007年当時において、日本の携帯電話メーカー各社からリリースされている主力製品をあらためて確認してみれば、ほとんど見分けがつかないほどに似通っていることがわかります。

なぜこのような事態が起きたのでしょう。多くの企業が先述した「マーケティングの定石」に従って製品を開発したからです。大規模な消費者調査を行い、得られた調査結果を統計的に分析し、分析結果をデザイナーやエンジニアに正しくフィードバックしたところ、どの企業からも金太郎飴のように似通った「正解」が提案されることになったわけです。

これはパラドックスです。マーケティングの知識やスキルはあるに越したことはありませんし、持っているスキルや知識を最大限に活用しようとするのは褒められこそすれ、非難されるべきことではありません。しかし一方で、経営というのは本質的に差別化を追求する営みですから、いくら論理的に正しい解答であっても、それが他社と大同小異であれば、そのような凡百な「正解」には価値がありません。

結果がすべてを示しています。読者の皆さんもよくご存知の通り、iPhone の登場によってほとんどの日本企業は携帯電話事業から撤退することを余儀なくされました。そしてまた皮肉なことに、アップルという会社は、市場調査をほとんどやらないということでもよく知られている企業です。そのような企業に、マーケティングプロセスをピカピカに磨き上げ、極めて論理的に「正解」を追求していた企業がことごとく、しかも産業史上に類を見ないほどの地滑り的な敗北を喫したという事実は、私たちに「正解に価値がない」という、厳しくも面白い時代がやってきたことを示しています。

ここで一点だけ注意を促しておきたいのですが、筆者はなにもマーケティングを否定しているわけではありません。重要なのは人間性＝ヒューマニティとマーケティングの主従関係です。マーケティングというのは極めて優秀な「家来」ではありますが、これを「主人」にしてしまうとロクなことがありません。

まず「世の中にこういうものを打ち出したい」という人間の想いが起点となり、その想いを実現するための道具として用いるのであれば、マーケティングの知識とスキルは極めて強力な武器となるでしょう。つまり「何を打ち出すか＝ＷＨＡＴ」は人間が主体となって意思決定し、「どのように打ち出すか＝ＨＯＷ」についてはマーケティングを活用する、という構図です。

ところが、現在の日本企業では、この関係が逆転しているケースがほとんどです。つまり「何を打ち出すか＝ＷＨＡＴ」をビッグデータなどに代表される数値が決め、「どのように打ち出すか＝ＨＯＷ」を人間が考えている、というトンチンカンな構図です。これでは訴求力のある切っ先の鋭いコンセプトが出てこないのは当たり前のことです。

マルクスは、人間が「良かれ」と思ってつくりあげたシステムやプロセスから、やがて人間性が失われ、むしろ人間がシステムやプロセスの奴隷となって振り回されることを「疎外」という概念を用いて警告しました。今、まさに日本企業の多くで起こっているのは、この「マーケティングというシステムによる疎外」です。このようなシステムの中で疎外され続けた人間は、やがて「主体的に想い、考える力」そのものを失ってしまうことになります。

外部のアドバイザーとして製品開発プロジェクトに携わる際には必ず、プロジェクトのキーマンに対して「そもそも何を作りたいのですか？」「この製品が出ることで、世の中にどういう変化をもたらしたいのですか？」という質問をするのですが、スパッと答えが返ってくることはほとんどありません。前節で指摘したところの「何のために」という問いへの答え、つまり「意味」がはっきりしていないのです。

コンサルティング会社や広告代理店が実施する調査によって得られる「市場の要請」と「競合の事例」によってモノゴトを決めるばかりで、内在的・主体的な「想い」に光を当ててこなかったオールドタイプの成れの果てがそこにあります。

私たちの脳は可塑性《かそせい》の高いオープンエンドなシステムであり、何歳になっても学習によって鍛えることができますが、これを逆にいえば、使わない機能はどんどん萎縮・退化していく、ということでもあります。

「世の中をこう変えたい」「こういうものを作りたい」という主体的な「想い」や「意味」を構想するということを長らくしてこなかったオールドタイプは「自分はどうしたいのか?」「何を作りたいのか?」という問い、さらに指摘すれば「私は何のために生きているのか?」という哲学的な問いについて考える脳の機能が萎縮・退化してしまっているのです。

このようなオールドタイプは今後、厳しい戦いを強いられることになるでしょう。なぜなら、「役に立つ」から「意味がある」へと価値の源泉がシフトすれば、万人ウケを狙うオールドタイプの顧客は、自分の好きなものに徹底的にフォーカスを絞るニュータイプによって、虫に食われるようにして奪われることになるからです。

「ローカル×メジャー」から「グローバル×ニッチ」への構造転換

「自分が作りたいもの」に思いっ切りこだわって製品を作った場合、潜在的な市場規模の大きさは、作り手となる個人の嗜好に共感する人がどれくらいいるのかによって決まることになります。もし同じような好みを持った人がたくさん存在すれば、市場規模は大きくなりますし、同じような好みを持った人がそんなにいなければ、市場規模は小さくなります。

しかし、いずれの場合でも、個人の感性が思いっ切り反映されたアート作品のような製品ですから「共感できる人」に対しては非常に強い訴求力を持つことになります。

一方、市場における多数派の好みに合わせて製品を作った場合、市場規模はそれなりに大きくなるかもしれませんが、多くの人の好みを最大公約数的に拾っているために、訴求力は低下し、どうしてもフォーカスの甘い製品にならざるを得ません。

市場が国別のローカルに閉じている状態であり、かつ一定のスケールがないと告知や販売のためのプラットフォームに乗せられないという状態であれば、多数派の好みに合わせて作られたフォーカスの甘い製品に関する情報だけが市場に届けられることになり、アーティスト的な感性を全開にしてモノを作っているサブスケールのプレイヤーには競争に参加する余地すら与えられませんでした。

結果として「ローカル×メジャー」市場に向けて製品を作っている企業が、対象となるローカル市場を支配することになったわけですが、市場がグローバルに向かって開け、かつ告知や流通のための限界費用が低下すると状況は大きく変わってくることになります。

たとえば日本市場において5％の出現率しかない市場セグメントにフォーカスを絞れば、潜在顧客数は600万人（＝1・2億人×0・05％）しかいないということになるわけですが、これをそのままグローバルな市場に展開すれば、先進国だけでも12億人の人がいるわけですから、市場規模は一気に10倍の6000万人に拡大することになります。

もし同じ規模の顧客セグメントを日本の国内市場だけで狙おうとすれば50％の出現率が必要になるという計算ですが、仮に同じだけの潜在顧客数をターゲットにできたとしても、「市場への貫通力」という観点では大きな違いが生まれることになります。

というのも「とにかく50％の人に共感してもらわなければならない」という前提で多数派の好みにおもねるようにして開発されたプロダクトと「気に入った人が共感してくれればいい」という前提で自分の美意識を思いっ切り発揮させて開発されたプロダクトとでは「市場への貫通力」という点で天地の開きが生まれるからです。

ここに「グローバル×ニッチ」という市場セグメントにおける「スケールとフォーカスの両立」が実現することになります。一方で「ローカル×メジャー」の市場にターゲットを合わせて、いわば「万人ウケ」するようにして開発された製品がそのような貫通力を持つことはありませんか

図9 「グローバル×ニッチ」という新しいポジション

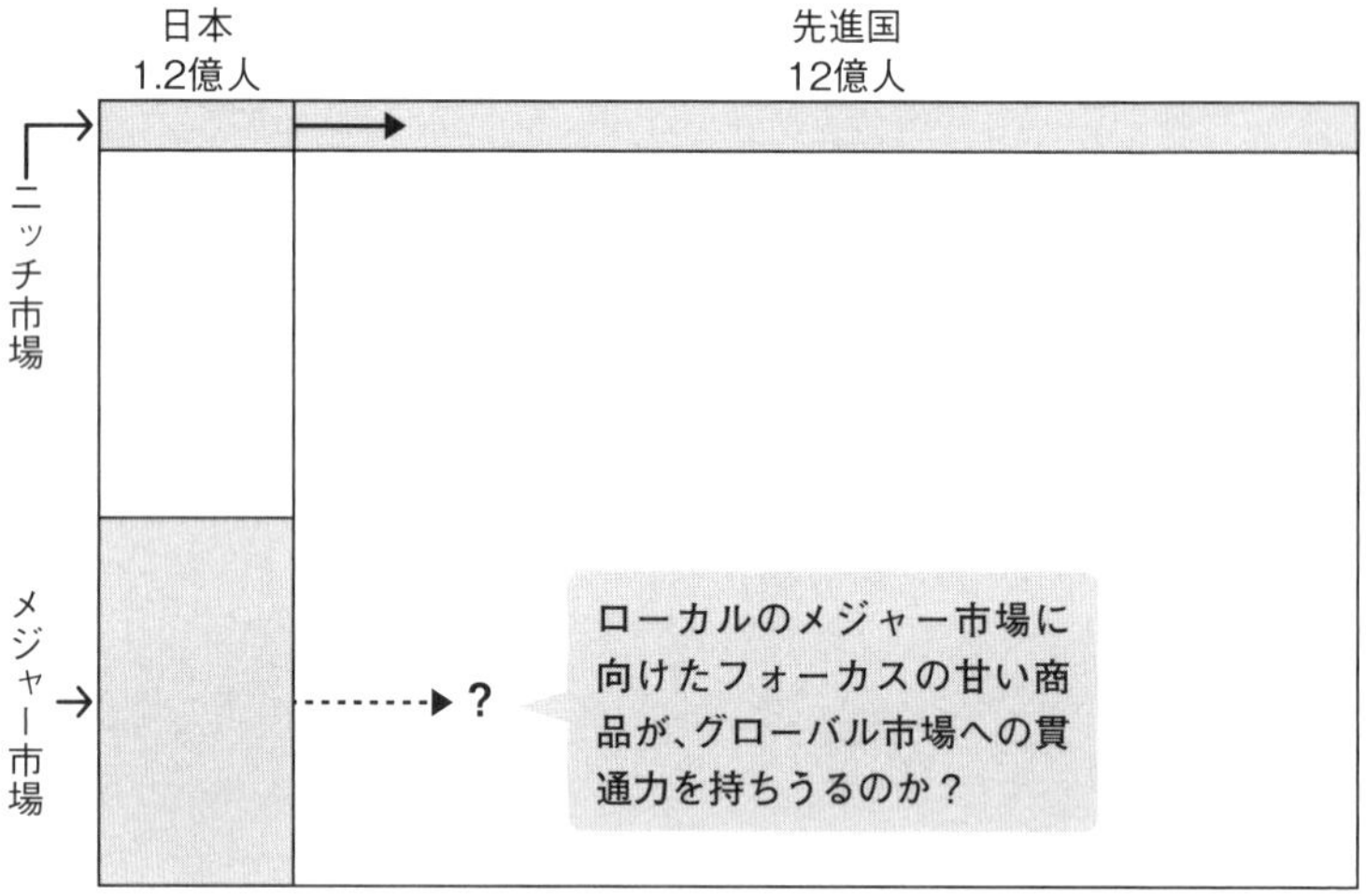

ら、事業展開の領域はローカルに留まり続けることになります。

さらに考察を推し進めましょう。このようにして、さまざまな国でフォーカスを絞った製品やサービスが開発されるようになると、それらの製品やサービスに対して共感を覚える顧客が、当然のことながら各国で現れることになります。

このとき、ローカル市場のメジャーセグメント向けに当たり障りのないボンヤリとした製品やサービスを展開しているオールドタイプは、各国からグローバル市場のニッチセグメントに向けて切っ先を尖らせた製品やサービスを展開するニュータイプから攻撃を受け、徐々にその陣地を縮小させていくことになるでしょう。

ローカル市場のメジャーセグメント向けに

展開しているオールドタイプは、かつて彼らの競争力の基盤となったスケールメリットを失い、むしろスケールを求めたことで発生するデメリット、つまり「スケールデメリット」によって競争力を減損させることになります。

結果として、市場への提案力という点においても、またコスト競争力という点についても、グローバル市場のニッチセグメントに向けて事業展開するニュータイプにかなわないという状況が生まれます。

このような状況になれば、やがてローカルのメジャーセグメントに向けて、消費者調査と競合ベンチマークを主体にしながら、訴求ポイントの定まらないボンヤリとした製品やサービスを提供しているオールドタイプは徐々に苦境に追い込まれていくことになるでしょう。

アップルに数千脚の椅子を納入した広島の木工会社

このような変化はすでにそこかしこで表面化しつつあります。ここでは日本の広島県に拠点を置く地場の木工会社、マルニ木工の事例を紹介しましょう。

アメリカ・カリフォルニア州クパチーノにあるアップルの新本社「アップル・パーク」を訪れたことのある方はご存知でしょうが、このオフィスのパブリックスペースにはマルニ木工の椅子「HIROSHIMA」が数千脚単位で並んでいます。

日本の一地方にある木工会社の製作した椅子が、シリコンバレーを代表する企業の家具として大量に納入されているのです。このマルニ木工の事例は「自分が本当に作りたいもの」にフォーカスを絞るニュータイプが強い貫通力を持ち、それが結果的にスケールをも生み出すという先ほどの指摘を端的に示す事例と言えます。

マルニ木工は1928年創業の老舗です。家具を誰でも買い求めやすい価格にするため「工芸の工業化」を掲げて量産技術を磨き、バブル絶頂期の1991年にはグループ売上高は300億円に達します。この時期の企業ビジョンは「アジアでナンバー1の家具メーカーになる」だったそうで、まさに「スケール」を求める経営をやっていたわけです。

しかしバブル崩壊後に需要は急減し、経営難に陥ることになります。現社長の山中武氏は当時、東京で銀行員として不良債権処理を担当していましたが、2001年当時、社長を務めていた叔父に請われて経営のバトンを受け取ることになります。

入社後、ピーク時に11カ所あった工場の集約を進め、トヨタ生産方式を導入するなど効率化にも取り組みます。「利益第一主義」や「無借金経営」などの目標を掲げ、早期退職などのリストラも実施しました。

自身の前職が銀行における不良債権処理だったこともあり、「経営再建」に関する打ち手には通じていたものの、そのような「教科書的な手法」を何から何まで試したにもかかわらず、業績はなかなか回復しませんでした。

図10 マルニ木工の「HIROSHIMA」

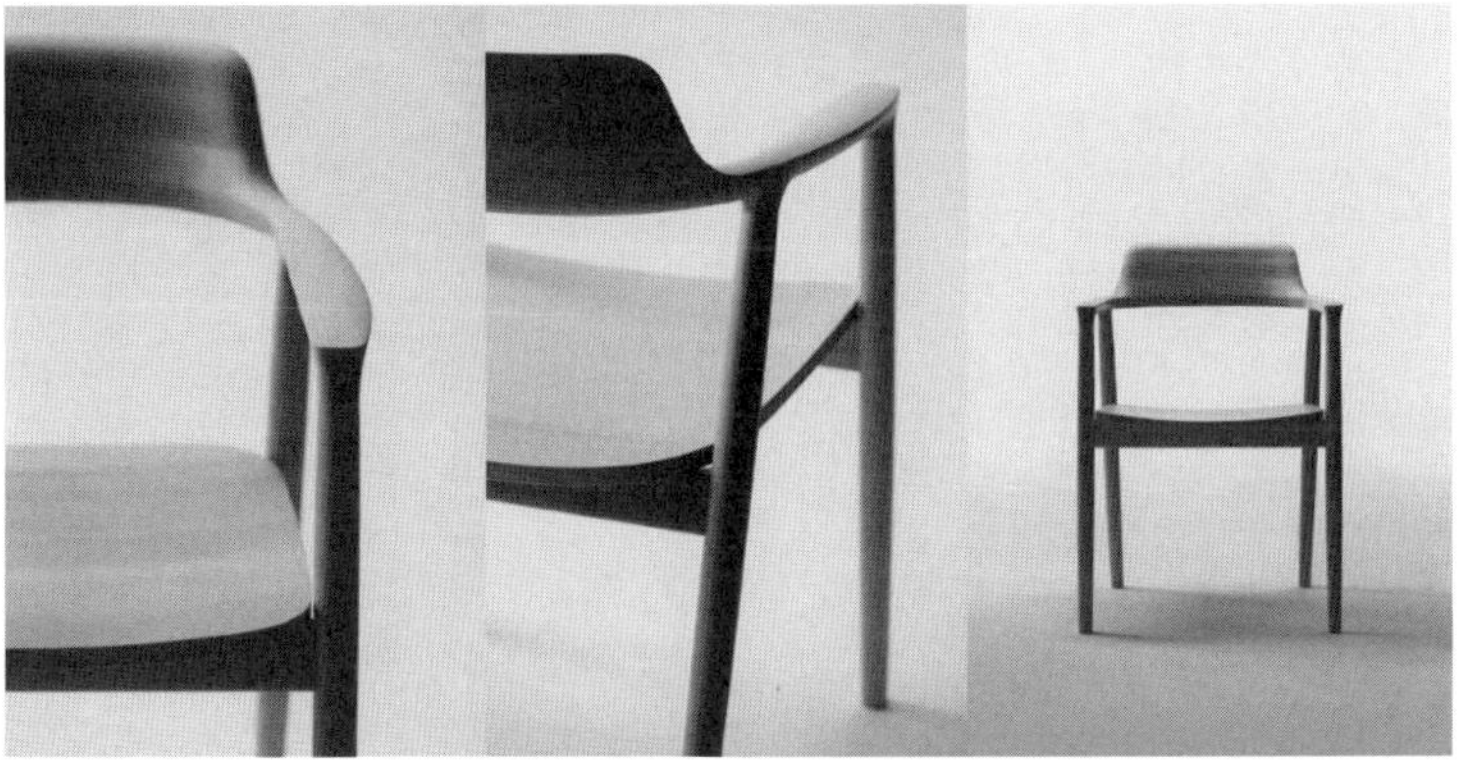

マルニ木工の公式サイト（http://www.maruni.com/jp/）より作成

そんなあるとき、「万策つき果てたか」と悲嘆しながら自社のカタログをパラパラと見ていた山中社長は、あることに気づいて愕然とします。それは「自分が欲しいと思う製品が全然ない」ということでした。これは1つの盲点でした。これまで「なぜ売れないのか」という問いについては考え抜いていたはずなのに「そもそも自分は何が欲しいのか、何が作りたいのか」ということは考えたことすらなかったのです。しかし、当たり前のことですが「自分が欲しいと思わないもの」は、他人も欲しがるわけがありません。

そこで、安くしても売れないのであれば、いっそのこと「本気で自分が欲しいと思う椅子で勝負してみたい」と方向転換することにした山中社長は、無印良品などでの卓越した仕事ですでに世界的に高名だったデザイナーの深澤直人氏に声をかけます。

マルニ木工の工場を見学し、加工技術の高さに目を見張った深澤氏は「新しい世界の定番を作る」という極めて高い目標を目指すことを条件にして快諾します。

このようにして生まれた椅子「HIROSHIMA」が、アップルのチーフ・デザイン・オフィサーであるジョナサン・アイブの目に留まり、アップル本社への大量納入につながったのです。

「HIROSHIMA」の発売以降、マルニ木工の減収にも歯止めがかかります。これまでの商流が大きく変化し、伊勢丹新宿店などの高級百貨店に配荷され、住宅メーカー経由や商業施設向けの販売も増加します。

また、デザインに関する目利きの厳しさで知られるアップルに大量採用されたことが奏功したのでしょう、売上高の地域構成も一変し、以前はゼロだった海外販売が増加し、さらに世界のトップブランドだけが参加を許されるデザインの世界的祭典、ミラノサローネにも出展が認められるようになります。

インターネット登場以前であれば、素晴らしいデザインの椅子を仮に作り出せたとしても、それを世界に向けて告知するには大手広告代理店の力を借り、多額のメディア費用とコミッションを支払わなければなりませんでした。当然ながら、そのような資金が用意できない小規模の企業は、どんなに素晴らしいプロダクトを作ったとしても、告知することができなかったのです。

しかし、時代は大きく変わりました。今日の世界にあっては、人の感性に揺さぶりをかけるような切っ先の鋭い提案がなされれば、それを受け取った人々はSNSなどを通じて世界中にその映像や情報を拡散します。ジェレミー・リフキンが指摘した通り、まさに「限界費用ゼロ」で世界中に告知できる世界が現実のものとなったのです。

しかし、これが誰にでも可能というわけではありません。そこに「人の心を動かすような切っ先の尖った提案」がなければ、そのような情報が広い範囲にわたって共有されることはありません。

ここに、これからのマーケティングを考える大きなカギがあります。これまでの定石に従い、スケールを求めて十把一絡げの人々の好みに合わせて作られたようなフォーカスの甘い製品には、そのような「人の心を動かす切っ先の鋭さ」がありません。

結局、このようなオールドタイプの思考様式のもとに生み出されたプロダクトを売りさばくためには、20世紀と同じように、商社や広告代理店に頼みながら、高額の費用をかけて無理やり情報と製品を世の中にネジ込んでいくしかありません。

一方で、自らの好みに思いっ切りこだわって感性品質の高い製品やサービスを考案するニュータイプは、その「切っ先の鋭さ」ゆえに強い貫通力を持ち、この貫通力ゆえに「グローバル×ニッチ」というポジショニングを獲得することで、スケールを補って余りあるだけのメリットを得ることになるのです。

まとめ

- 18世紀の産業革命以来、「強いビジネス」とはすなわち「大きなビジネス」のことだった。しかし、情報と流通のインフラが大きく変化したことで、スケールは必ずしも必須の条件ではなくなりつつある。
- 従来、企業戦略論ではスケールとフォーカスはトレードオフの関係にあり、両立し得ないと考えられてきた。結果的にスケールを求める企業はフォーカスの優先順位を下げたわけだが、その結果として、差別的優位性を失い「同質化の罠」に落ちこむことになった。
- しかし、グローバル化の進行により、これまで国内のローカル市場でスケールメリットを得ることができなかったニッチビジネスも、「グローバル市場におけるニッチ」というポジショニングをすることで「スケール」と「フォーカス」を両立させることが可能になりつつある。
- このような世界において、オールドタイプが相変わらず、市場の多数派におもねるようにして製品やサービスを考案するのに対して、ニュータイプはフォーカスをまず優先し、グローバル市場への貫通力を高めることによってスケールを得るという戦略をとる。結果として前者が、その「フォーカスの甘さ」ゆえにグローバル市場への貫通力を持ち得ないのに対して、後者は高い貫通力を獲得し、独自のポジションを築く。

ポジショニング

オールドタイプ▼「役に立つ」で差別化する
ニュータイプ▼「意味がある」で差別化する

6 市場で「意味のポジション」をとる

すぐ役に立つものは、すぐ役に立たなくなる。

——小泉信三[*29]

「勝者総取り」か「市場の多様化」か

前節において指摘した「グローバル×ニッチ」という新しいポジショニングが登場すれば、必然的な結果として、市場の分散化・多様化が進行することになります。しかし、このような予測については次のような反論があるかもしれません。

すなわち「GAFAに代表されるグローバルプレイヤーが市場を一色に塗りつぶしつつあり、グローバル化によってむしろ市場の多様性は減殺されているのではないか」という反論です。

確かに、ＧＡＦＡに代表されるグローバルプレイヤーの存在感は近年、すさまじいことになっているので、そのように考えたとしても仕方がありません。しかし、目立つ現象だけに目を奪われてしまうと、その背後で起きている大きな構造変化を見逃してしまうことになるので注意が必要です。

結論から言えば、筆者が指摘した「グローバルニッチプレイヤーによる市場の多様化」と「ＧＡＦＡに代表されるグローバルメガプレイヤーによる市場の寡占化」という2つのトレンドは、まったく矛盾していません。なぜなら、現在のグローバル市場で進行しているのは、この2つのトレンドによる二極化だからです。

勝者総取り市場が表立って議論されるようになったのは１９９０年代のことでした。経済学者のロバート・フランクとフィリップ・クックは、１９９５年に出版された著書『ウィナー・テイク・オール』の中で、世界中で勝者総取り市場への転換が進んでいることを指摘し、警鐘を鳴らしています。[*30]

興味深いのは、著者が同書において指摘している「勝者総取り化が進行する原因」です。フランクとクックは、その理由として「絶対評価」から「相対評価」への変化を挙げています。どういうことでしょうか？

左官職人を例にとって考えてみましょう。1日に１００個のレンガを積める職人と、90個のレンガを積める職人がいる場合、市場が健全に機能していれば前者が１００の報酬をもらうとき、後者は90の報酬を得ることになります。これが「絶対評価」の市場です。

対照例として、検索エンジンの開発者を考えてみましょう。一番優れた検索エンジンを開発した人物と2番目に優れた検索エンジンを開発した人とを比較してみたとき、たとえば前者の検索エンジンのパフォーマンスを100として、後者が90だというとき、報酬がその比率になることはありません。

市場で生き残ることができるのは最も優れた検索エンジンだけであり、2番手以下はまったく報酬を得られず、市場から敗退することになります。これが「相対評価」の市場です。つまり、フランクとクックは、市場が「絶対評価」から「相対評価」へと変化することで、勝者総取りが進行すると考えたわけです。

「意味がある」市場では多様化が進む

以上がフランクとクックによる「勝者総取り」の発生メカニズムの説明なのですが、いささか考察の目が粗いと言わざるを得ません。というのも、それぞれの市場にはそれぞれの特性があり、いくら限界費用が下がったとしても、すべての人々が同じものを欲しがるような市場ばかりではないからです。

実際には、個別の市場に応じて「寡占化が発生しやすい市場」と「寡占化が発生しにくい市場」

とがあります。では、どのような市場特性が「寡占化」と「多様化」を分けることになるでしょうか。

ここでフレームワークを用いて考察してみましょう。このフレームでは、顧客に提供している2つの価値軸に沿って市場を整理してみます。2つの価値軸とは、すなわち「役に立つ・立たない」という軸と「意味がある・ない」という軸です。

1つ目の「役に立つ・立たない」という軸は、古典的なマーケティングの用語で言えば「機能的便益の有無」ということになります。

一方で2つ目の「意味がある・ない」という軸は「情緒的便益の有無」あるいは「自己実現的便益の有無」ということになります。

結論から言えば、勝者総取りが発生するのは図11の1の象限ということになります。なぜなら1の象限では、評価関数が発散せず、収斂してしまうからです。

たとえば、わかりやすいのがICチップです。ICチップの評価は極めて単純にコストと計算能力で決定されることになります。「ロゴの色合いが絶妙だ」とか「本場ブルゴーニュで作られている」とか「イタリアの職人が精魂を込めている」といった意味的な属性はここでは製品の評価にまったく組み入れられません。グーグルもアマゾンも同様にこの象限に含まれることになります。

人がこれらのサービスに求めているのは機能的便益であり、情緒的で意味的な価値が競争に介

図11 顧客に提供する価値の市場

在する余地はほとんどありません。結果として、GAFAのような企業による勝者総取りという事態が発生するわけです。

「役に立つ」市場では勝者総取りが発生する一方で、「意味がある」市場では多様性が生まれることになります。これを身近でわかりやすく示しているのがコンビニエンスストア（以下CVS）の棚です。

皆さんもご存知の通り、CVSの棚は極めて厳密に管理されており、商品を棚に置いてもらうことは簡単なことではありません。だからハサミやホチキスなどの文房具はほとんど1種類しか置かれていません。しかし、それで顧客が文句を言うことはありません。

一方で、そのように厳しい棚管理がなされているCVSにおいて、1品目で200種類以上取り揃えられている商品があるのですが、なんだかわかりますか？

タバコです。ハサミやホチキスは1種類しか置かれていない一方で、タバコは200種類以上が置かれている。なぜそういうことが起きるのかというと、タバコは「役に立たないけど、意味がある」からです。ある銘柄が持つ固有のストーリーや意味は他の銘柄では代替できません。マールボロを愛飲している人にとってマールボロという銘柄は代替不可能ですし、セブンスターを愛飲している人にとってセブンスターという銘柄は代替不可能なのです。人が感じるストーリーや意味は多様なので、銘柄もまた多様になるわけです。[*31]

これが「役に立つ」と「意味がある」の市場特性の違いです。ハサミやホチキスなどの文房具は「役に立つけど、意味がない」という市場に生息しています。つまり評価関数が収斂する市場で戦っており、したがって定番商品を置いておけば誰も文句は言わず、それを買ってくれるということです。

このような二極化が進行する世界において、すべての企業は「役に立つ」という市場において、生き残りをかけて熾烈な戦いに身を投じるか、「意味がある」という市場で独自のポジションを築いていくかという選択を迫られることになります。

この2つのうち、どちらを選ぶかはなかなか難しい問題ですが、ただ一つだけ指摘できるのは、従来の定石に囚われすぎてしまい、深く考えることもなく「役に立つ」市場でスケールを目指そうとするのは、間違いなくオールドタイプの思考様式だということです。

なぜなら、グローバル化が進めば進むほど「役に立つ」市場の頂上は「高く、狭く」なり、ごくごく少数の「グローバル勝ち組企業」以外は生き残ることができない「真っ赤っかのレッドオーシャン」になるからです。

一方で、なんらかの「意味」にフォーカスを絞ることで独自のポジションを獲得するニュータイプは、「グローバル×ニッチ」という「爽やかなブルーオーシャン」を自らの居場所にすることになります。

「役に立つ」で戦うと「ほぼ全員」負ける

もう少し踏み込んでみましょう。先述した通り「役に立つ」領域で戦うと評価指標は収斂しますので、図11の「1の象限」で戦えば基本的に「勝者総取り」となります。

これはつまり、市場に参入しているプレイヤーのうち、勝者となるのはごく少数の企業だけであり、それ以外のほとんどが敗北する……つまりは構造的に「ほぼ全員が敗者になる市場」だということです。

日本企業の多くは相変わらず「役に立つ」市場でコストを下げ、利便性を高めることで競争に勝つという戦略を追求しているようですが、グローバル化が進めば、この市場では世界のトップ数社しか生き残れない、という点についてはよくよく考えておく必要があります。

もちろん、そのような市場であっても、何らかの障壁によって市場が国境によって分断されており、地理的な財の移動にコストがかかるのであれば、それぞれの国ごとにある程度の数の企業が存続できるかもしれません[*32]。

しかし市場のグローバル化が進めば、グローバル市場での最終戦争＝ハルマゲドンによる勝者総取りが発生し、世界中のほとんどの企業は生き残ることができません。ローカルに市場が分断されていれば、分断された市場ごとにチャンピオンが生まれることになりますが、これがグローバルに統一されればチャンピオンは一人しか生まれず、しかも勝者総取りということになれば、生き残れるのも一人だけということになります。

典型例が検索エンジンでしょう。検索エンジンはまさに「役に立つけど、意味がない」という市場を代表するサービスです。人が検索エンジンに求めているのは「スジの良い検索結果」だけであって、そこに意味が介在する余地はまったくありません。しかも、提供している財は情報なので国境をまたいだ移動にもほとんどコストがかかりません。

したがって、非常に収斂しやすい市場だということが言えるわけですが、では実際にどういう状況になっているかというと、２０１９年現在、グーグルの検索エンジンにおける市場シェアは36カ国で90％を超えている[*33]。

これは「役に立つけど、意味がない」という市場において、国境をまたいだグローバル競争が起きると最終的にどのような状況になるかを端的に示す例と言えます。おそらく、近い将来において、他の「役に立つけど、意味がない」という市場においても、同様の収斂が発生するでしょう。

「役に立つ」より「意味がある」方が高く売れる

一方で「意味がある」市場においては、その限りではありません。グーグルやアマゾンのような例は非常に目立つため、「勝者総取りがどの産業においても進行する」といった乱暴な物言いが最近ではよく聞かれます。

しかし、先述した通り、これは「役に立つ」という便益を提供している市場に限定される話であって、逆に「意味の市場」においては、むしろ多様性が増していくだろうというのが筆者の見解です。

なぜなら、人が自分の人生において重視する「意味」は極めて多様だからです。むしろ、「役に立つ」市場において収斂が発生すれば、ライフスタイルで他者と差別化することが必須の要請となっている先進国の人々は「意味」で差別化するという便益に高い対価を払うようになるです。

これを逆に考えれば「役に立つ」ことよりも「意味がある」ことの方に、高い経済価られるようになる、ということでもあります。

図12 自動車業界が提供する価値の市場

トヨタ自動車（https://toyota.jp/index.html）、BMW Japan（https://www.bmw.co.jp/ja/index.html）、ランボルギーニ（https://www.lamborghini.com/jp-en）

この問題を考えるにあたって、極端に「意味形成能力の格差」が表出してしまっている自動車業界を例にとって考えてみましょう。

皆さんもよくご存知の通り、世界にはさまざまな自動車メーカーが存在しています。たとえば我が国のトヨタや日産、あるいはドイツのＢＭＷやポルシェ、あるいはイタリアのランボルギーニやフェラーリなどですが、これらを先ほどの「意味がある・ない」「役に立つ・立たない」のフレームで整理してみましょう。

我が国のトヨタや日産が販売している車種のほとんどが「1の象限＝役に立つけど、意味がない」に含まれることになります。この象限の自動車は主に「快適で安全な移動手段という便益」を提供しているだけで、特に「自分の人生にとっての意味合い」などは提供価値に含まれていません。つまり、この象限に属する自動車は主に「移動手段として役に立つ」という機能価値によって売れている、ということです。

次に、ドイツのＢＭＷやメルセデス・ベンツが販売している車種のほとんどが「３の象限＝役に立つ上に、意味もある」に含まれることになります。この象限に含まれる自動車は、もちろん「快適で安全な移動手段」という機能価値も提供しているわけですが、それだけでは国産車との数百万円の価格差を合理化することはできません。

これらの自動車は、購入する人に対して「快適に移動する」という機能価値に加えて「ＢＭＷに乗るという意味」や「ベンツに乗るという意味」という感性価値も合わせて提供しており、購買者はその「意味」に数百万円の対価を払っているということになります。[*34]

最後に、イタリアのフェラーリやランボルギーニなどの超高級車、いわゆる「スーパーカー」と呼ばれる車種のほとんどが「４の象限＝役に立たないけど、意味がある」に含まれることになります。

こういったスーパーカーの多くは数百馬力のエンジンを搭載しているにもかかわらず、大概は二人しか乗れません。また荷物もほとんど積めず、車高が低いために悪路も苦手です。つまり「快適で効率的な移動手段」という側面からはまったく評価できない、ただ単に爆音を発して突進するというシロモノでしかありません。

にもかかわらず、あるいはだからこそというべきか、こういった「役に立たない」自動車に数千万円、あるいは億単位のお金を払っても欲しがる人が後を絶ちません。つまり、こういうクルマを購入する人にとっては「唯一無二の意味」を与えてくれる存在なのです。

さて、ここであらためて考えてみなければならないのは、象限別の価格水準です。あらためて確認すれば「1の象限」に含まれる国産車の価格帯が100万円〜300万円、「3の象限」に含まれるドイツ車の価格帯が500万円から1000万円、「4の象限」に含まれるスーパーカーの価格帯が2000万円から1億円以上で、明確に前者よりも後者に大きな経済的価値が認められていることがわかります。

これを端的に言えば、現在の市場においては「役に立つ」ことよりも「意味がある」ことに経済的価値が認められているということです[*35]。

その点を最もわかりやすく示しているのが個別企業のPBR＝株価純資産倍率です。これは企業の解散価値、つまり企業が現時点で保有している資産の総額と株価の総額＝時価総額の比率を表すものですが、日本の自動車メーカーのそれは、最も高いトヨタでさえ1前後、日産は0・7前後でしかありません[*36]。つまり現時点で企業を解散して資産を株主に還元した場合と、株価が同じか、むしろ解散してしまった方が得だということです。

これが何を示唆しているのかというと、株式市場は日本車とドイツ車を同じマーケットで戦っている会社だとは思っていない、ということです。

日本車が「移動」という便益を提供することで利益を得ているのであれば、別の手段で「移動」

という便益をより安く提供するプレイヤー、たとえばカーシェアリングやＩＴ企業による自動運転車などの代替サービスが登場してきた場合、日本車は存続できないか、あるいは少なくとも激しい価格競争へと陥ることになります。

一方で、単なる移動手段に加えて、「意味」も提供している企業についてはその限りではありません。ポルシェを購入している人は、単に「移動手段」を購入しているのではなく、ポルシェというメーカーに付随する歴史やストーリーや象徴といった「意味」を購入しているのです。

この事例をはじめとして、たとえば連日オークションで落札されるアート作品や家具など、今日の世界において最も高額な対価が支払われているのは、すべて「意味」や「ストーリー」を持った製品です。

モノが飽和し、モノの価値が中長期的な低落傾向にある時代だからこそ、これからは「役に立つモノ」を生み出せる組織や個人にではなく、「意味」や「ストーリー」を生み出すことができるニュータイプに、高い報酬が支払われる時代がやってきているということです。

「意味」はコピーできない

今後は「意味」を形成するニュータイプが、大きな価値を生み出すと指摘する３つ目の理由を挙げましょう。それは「意味はコピーできない」ということです。

イノベーションの文脈ではよく「デザイン」と「テクノロジー」が論点の中心となります。ではここで質問してみたいのですが、仮に「素晴らしいデザイン」と「素晴らしいテクノロジー」が組み合わさったとして、それは「素晴らしいプロダクト」になり得るのでしょうか？　現在の市場を鑑みれば、この問いに対する答えは「否」というしかありません。

たとえば、アップルの中核的な強みは、そのデザインにある、とよく言われますね。しかし、本当にそうでしょうか？

現在、アップルが提供しているスマートフォンやノートパソコンと、ほとんど見分けがつかないほど似ている製品が他社から販売されています。アップルの強みが本当にデザインにあるのだとすれば、見分けのつかないほど似たデザインを提供している他者のシェアや時価総額は、なぜアップルほどには高くないのでしょうか。この事実は、アップルの市場価値の中核をなすのが、決してデザインだけではないことを示唆しています。

これは、テクノロジーについても同様です。スマートフォンにせよパソコンにせよ、今日の市場において販売されている機種のあいだでそれほど大きな差異があるわけではありません。

私たちは「役に立つ」ということを価値軸として長いこと重視してきたため、活用されているテクノロジーの水準を過剰評価しがちですが、すでにモノが過剰になり、問題が希少となっている世界においては、テクノロジーの水準は顧客が重視する価値軸ではなくなっています。

つまり「素晴らしいテクノロジー」と「素晴らしいデザイン」だけでは「素晴らしいプロダク

ト」はできないということです。何が問題なのでしょうか？

最大のポイントは「テクノロジー」も「デザイン」も、非常に「コピーされやすい」という点です。デザインはすぐに真似ることができますし、大概のテクノロジーはリバースエンジニアリングすることが可能です。つまり「デザイン」と「テクノロジー」を主軸にして形成された競争力というのは、コピーという攻撃にさらされた際に非常に脆弱だということです。

一方で、では何がコピーしにくいのかと考えてみると、ここに「意味」というキーワードが浮かんできます。その製品やブランドが持っている固有の「意味」はコピーできないのです。

たとえばアップルという会社の製品や機能を、表面的にコピーすることはいくらでも可能でしょうが、アップルという固有のブランドが顧客に対して与えている感性価値としての「意味」はコピーすることができません。なぜなら「意味」の形成には膨大な情報量が必要であり、膨大な情報量を市場に蓄積するためには非常に長い時間がかかるからです。

アップルというブランドが持っている固有の「意味」は、１９７０年代の末からアップルとその創業者であるスティーブ・ジョブズという人物が、世界に与え続けてきた情報の蓄積に支えられて形成されています。

極論すれば、アップルという会社はすでに一つの「文学」になっているということです。文学作品をコピーすることはできませんから、「意味」を競争力の中核に据えることができた企業は、コピーに対して極めて堅牢な事業を創り出すことができます。

まとめ

●現在の市場では「グローバルニッチプレイヤーによる市場の多様化」と「グローバルメガプレイヤーによる市場の寡占化」という真逆のトレンドが同時に進行する二極化が起きている。

●2つのトレンドは、その市場が「役に立つ」という便益を提供しているのか、あるいは「意味がある」という便益を提供しているのかによって分かれることになる。「役に立つ」市場では評価指標がごく少数に収斂してしまうので、グローバル化の進行に伴ってごく少数の勝者による総取りが発生する一方、顧客便益が多様な「意味がある」市場においては多様化が進むことになる。

●これらの市場を収益性で評価すると、費用対効果が厳しく問われ、また価格競争も激しくなりがちな「役に立つ」市場は収益率が低下する傾向にある一方、「意味がある」市場においては、意味の持つプレミアム次第で極めて高い水準の価格設定が可能となる。

●日本企業の多くはこれまで「役に立つ」市場において存在感を示してきたが、今後、グローバル化に伴う勝者総取りへの最終戦争＝ハルマゲドンが起きれば、相当数の企業が「役に立つ」市場へとポジショニングを移さなければならなくなる可能性がある。このような状況にあって、ひたすらに「役に立つ」ことで価値を生み出そうとし続けるのはオールドタイプの思考様式となりつつある。

●一方で、ニュータイプはいち早く「意味がある」市場へとシフトし、ユニークな「意味のポジション」を築くことで、高い収益と安定的な基盤を築こうとする。

●現在、イノベーションの文脈では「デザイン」と「テクノロジー」が大きな論点になることが多いが、この2つは「コピーに弱い」という弱点がある。このコピーという攻撃に対抗するためには「意味」が求められる。市場にメッセージを送り続け、「意味」を資本として蓄積することに成功した企業は、コピーという攻撃に対して極めて堅牢なモデルを構築することが可能になる。

リーダーシップ

オールドタイプ▼HOWを示して他者に指示・命令する
ニュータイプ▼WHAT＋WHYを示して他者をエンパワーする

7 共感できる「WHAT」と「WHY」を語る

正しい目的を失った心は、偽りの目的にはけ口を向けるものだ。[*37]

――モンテーニュ[*38]

リーダーシップは文脈依存的

ビジネスにおいて私たちが向き合う大きな論点には「WHAT＝目的は何か？」「WHY＝それはなぜ大事か？」「HOW＝どうやってやるのか？」の3つがあります。

特に組織の中でリーダーシップを発揮することを求められる立場にある人なら、この3つの論点に関する自分なりの方針を明確化し、組織に浸透させることが必須のこととして求められます。

ところが、ここで注意が必要なのが、これらの3つの論点の優先順位は、状況や文脈に応じて変わってくる、という点です。たとえば市場の競争状況が固定的で大きな変化がないという状況であれば、重要になってくるのは「HOW」ということになります。つまり、どうやって同じことを競合よりも効率的にやるのか、というのが経営上の大きな論点になってくるということです。

あるいは一刻の猶予もない危機的状況ということであれば、悠長に「WHAT」や「WHY」を話している時間はなく、とにかく「HOW」だけを指示してまずは難局を乗り切ることが先決でしょう。

しかし一方で、現在のようにVUCAな世界にあって、かつ「モノが過剰化する一方、意味が枯渇している」状況で、「HOW」だけで組織を引っ張っていこうとするオールドタイプのリーダーシップでは、組織に方向づけを与えることも、モチベーションを引き出すこともできません。

このような世界にあって、ニュータイプは「WHAT」と「WHY」を示し、組織にモーメンタム（勢い）を与え、モチベーションを引き出して組織のパフォーマンスを高めます。本書ではこれまで、再三にわたって「意味」の重要性を指摘してきましたが、言うまでもなく「意味の枯渇」は、そのまま「WHAT＝目的」と「WHY＝意義」に関わる問題です。

「WHAT」と「WHY」が欠けると人間は壊れる

「WHAT＝目的」がわからず、「WHY＝理由」もはっきりしない営みに人は「意味」を感じることができません。

19世紀ロシアの文豪、ドストエフスキー*39は、自身の収監体験をもとにして書いた『死の家の記憶』において、たとえば「バケツの水を他のバケツに移し、終わったらまた元のバケツに戻す」といった「まったく意味を感じることのできない仕事」こそが「最も過酷な強制労働」であり、これを何日もやらされた人間は発狂してしまう、と書き残しています。

レンガを焼くとか畑を耕すといった作業は、それが肉体的にどんなに厳しくても、最終的に家が建ったり、野菜ができたりすることに意味を感じられるのでまだ耐えられるけれども、意味のない労働には誰も耐えられないというのですね。こういった指摘は、私たち人間にとって本当に重要なのは、労働の「量」よりも、実は「質」の方なのだという示唆を与えてくれます。

この問題はそのまま「量にこだわるオールドタイプ」と「質にこだわるニュータイプ」という対比にもつながります。

翻って考えてみれば、現在の日本ではいろんなところで「働き方改革」の名のもとに、労働時間という「量」の削減に関する取り組みが進んでいますが、その一方で、仕事の「質」に関する議論があまりにもないがしろにされているという印象を拭えません。[*40]

モノが過剰になり、意味が不足している時代において、私たちはなぜ働き続けるのか。こういう時代において「仕事を通じて幸福になる人」を増やすためにも、私たちがあらためて考えなければならないのは、私たちの仕事が本来的に有しているべき「意味」をどうやって回復させるか、ということなのではないでしょうか。

「量」に関する議論はシロクロがすぐにはっきりするので、深く考えることを嫌がる人ほど安易に飛びつく傾向がありますが、現在の日本では多くの領域において「量的改善」の限界効用がほとんどゼロになりつつあります。

このような世界においては仕事の「量」の問題だけでなく、「質」の問題、つまり仕事の「WHAT＝目的」や「WHY＝理由」にしっかりと目配りすることが必要になります。

日本では「HOWのリーダーシップ」が重用された

経営におけるこの3つの論点、すなわち「WHAT」「WHY」「HOW」に関して考えてみれば、これまでの日本企業の強みは「WHAT」でも「WHY」でもなく、徹底的に「HOW」を磨き上げることによって形成されてきたということがわかります。

なぜこれでここまで勝てたのかというと、「目指すべき姿＝WHAT」はすでに欧米先進企業がまざまざと目に見える形でそれを示してくれており、「目指すべき理由＝ＷＨＹ」もまた、そのゴールを達成することで幸福になれると誰もが考えていたからです。このような状況において、リーダーからの「ＨＯＷ」の指示に対して、そもそも「ＷＨＡＴは何なんですか？」とか「ＷＨＹは何なんですか？」という質問を出すような輩はむしろ競争力を削ぐ原因となったでしょう。

ところが１９９０年代の前半になって、この状況が大きく変化します。すでに指摘した通り、日本企業が欧米先進企業に追いついたことで、これまで明示されてきた「ＷＨＡＴ＝目指すべき姿」が喪失されたのと同時に、経済的に豊かになったにもかかわらず、「幸福の実感」が得られていないことで「ＷＨＹ＝働く意義」の説得力もなくなってしまったからです。

しかし、あれからすでに30年が経とうかというのに、相変わらず日本のリーダーの多くは「ＨＯＷ」にこだわるばかりで、「ＷＨＡＴ」と「ＷＨＹ」を共感できるかたちで示せていません。

このような状況に至って、なお「ＨＯＷ」にばかりこだわるオールドタイプは、周囲の人々のモチベーションを破壊し、組織のパフォーマンスを低下させることになるでしょう。一方で、このような時代において希少な「意味」を形成するために「ＷＨＡＴ」と「ＷＨＹ」を構想し、語るリーダーは、周囲の人々からモチベーションを引き出し、組織のパフォーマンスを向上させるでしょう。

WHATの要件は「共感」

ここまで読まれた読者の方は、ここで少し困惑されるかもしれません。というのも現在の日本企業の多くは何らかの形で「ビジョン」や「中長期目標」を打ち出しているからです。

筆者は「WHAT」と「WHY」を示せていないことが日本企業の課題だと指摘しているわけですが、確かに多くの日本企業がなんらかの「ビジョン」や「中期目標」を打ち出しているという現状と、この指摘は不整合と思われるかもしれません。

しかしこれは不整合でもなんでもありません。なぜなら、多くの企業が打ち出しているビジョン（と彼らが称するもの）は、ビジョンに求められる最も重要な要件を満たしていないからです。ビジョンに求められる最も重要な要件、それは「共感できる」ということです。

目的とその理由を告げられて、自分もその営みに参加したい、自分の能力と時間を実現のために捧げたいと思うこと、つまりフォロワーシップがそこに生まれることで初めてそれと対になるかたちでリーダーシップが発現するのです。

ところが、多くの日本企業のビジョンは、その事業に参画する人にとって「共感できる」ものになっていません。

では、どのようにすれば「共感」を獲得できるビジョンを打ち出せるのでしょうか？　先述した3つの要素、すなわち「WHAT」「WHY」「HOW」に沿って、いくつかの事例を分析してみましょう。

アポロ計画、グーグルに共通するビジョンのシンプルさ

まずは、ジョン・F・ケネディが1961年に打ち出したアポロ計画です。アポロ計画において、ケネディは主にスピーチという形をとってさまざまな関係者に対して継続的に次のようなコミュニケーションを行っています。[*41]

WHAT　1960年代中に人類を月に立たせる

WHY　現在の人類が挑戦しうるミッションの中で最も困難なものであり、であるがゆえにこの計画の遂行によってアメリカおよび人類にとっての新しい知識と発展が得られる

HOW　民間／政府を問わず、領域横断的にアメリカの科学技術と頭脳を総動員して最高レベルの人材、機材、体制をととのえる

極めてわかりやすく、また心に響くものになっているのが感じられると思います。ちなみにアメリカ国民に向けてこの計画を最初に発表した際、多くのNASA職員は宇宙計画の縮小を覚悟

していたと言われています。そのような状況下で、このスピーチを初めて聞いたときの彼らの驚きと興奮をぜひ想像してみてください。

さて、現代に目を転じて、この構造は同様にイノベーティブな民間企業においても観察される構造だといえます。たとえばグーグルのビジョンを分析してみましょう。グーグルは時期やメディアによってさまざまなビジョンやミッションステートメントを出していますが、それらを総合してみると下記のようなメッセージになります。

WHAT　世界中の情報を整理し、誰もがアクセスできるようにする

WHY　情報の格差は民主主義を危うくするものであり、根絶しなければならない

HOW　世界中から最高度の頭脳をもつユニークなタレントを集め、コンピューターとWEBの力を最大限に活用する

なんとも壮大な「ＷＨＡＴ」です。また「ＷＨＹ」も極めてアメリカ的な「絶対善」の概念に根ざしていてわかりやすく、「ＨＯＷ」も具体的です。グーグルのマーケティングや採用活動は極めてユニークなことで知られていますが、このシンプルな「ＷＨＡＴ」「ＷＨＹ」「ＨＯＷ」と個別の企業活動がちゃんとアラインできているという点からも、このビジョンが極めて組織成員に共感され、浸透していることがうかがわれます。

チャーチルが戦争に意味とストーリーを与えた名演説

「ＷＨＡＴ」と「ＷＨＹ」を伝えることによって、私たちは「自分たちの意味」もまた確認することができます。これを最もわかりやすく示してくれるのがイギリス首相だったウィンストン・チャーチルによる開戦演説です。

チャーチルは、それまで多くの人にとって明確にイメージすることのできなかった「ナチスドイツの意味」と、それに対峙する「イギリスの意味」を、大きなストーリーの中で明らかにすることで、イギリス国民の心を一つにしたのです。

チャーチルがナチスドイツの新しい意味を提示するまで、ヨーロッパの人々が考えていた「ナチスドイツの意味」とは、やがてやってくるソ連（共産主義）との戦いにおいて主導的な役割を担ってくれる国、というものでした。

だからこそナチスドイツの傍若無人な振る舞いに対して、ヨーロッパ諸国はこれを大目に見ていたのです。やがてソ連が、欧州に共産主義圏を広げようとして攻勢をかけてくるのであれば、欧州にも対抗勢力になるような軍事大国が必要であり、それはナチスドイツをおいて他にない、というのが、当時の欧州インテリたちが考えていたストーリーです。

欧州各国の人々がナチスドイツに対して考えている「意味合い」について、聡明なヒトラーはよく理解していました。だからこそ、彼はあれほど迅速にポーランドを併合し、フランスに攻め込んでいけたのです。ソ連という地政学的パワーの不均衡がなければ、このように強引な振る舞いが認められるわけがありません。

ナチスドイツというのは、誰もがその傲岸不遜さを不愉快に思いながらも、やがてやってくる「もっと悪くて強い敵」のことを考えれば致し方ない、迫り来る共産主義の脅威と戦うにはナチスドイツのような軍事国家が欧州には必要だという、一種の「必要悪」として認められてきたという側面があります。これは特に、ソ連と地続きになっている大陸の諸国家の富裕層としては悩ましい問題だったでしょう。

経済学者のフリードリヒ・ハイエクは、その著書『隷属への道』の中で、当時のヨーロッパの人々が、ナチスドイツの「意味合い」を捉え損ねていたことを厳しく指摘しています。

きわめて悲しむべきことだったのは、第二次大戦が勃発する以前に、民主主義国家が全体主義国家の独裁者たちに対して示した態度であった。彼らは、プロパガンダ活動と同様、自分たちの戦争目的が何であるかという議論においても、内心のおぼつかなさや迷いを露呈してしまった。それは、自らの理想が何なのか、また、自分たちが敵と対立する点はどういう性質のことなのか、はっきりと理解していなかったことを示している。

——フリードリヒ・ハイエク『隷属への道』

ハイエクは、当時の民主主義国家の人々が「戦争の目的は何なのか?」あるいは「自分たちの理想は何か?」「敵と私たちで対立していることは何か?」といった、極めて重大な「判断の立脚点」について「よくわかっていなかった」と指摘しています。

つまり彼らにとって、自分たちの「WHAT」も「WHY」もはっきりしていなかった、ということです。

今から想像することはなかなか難しいことなのですが、当時は、イギリス国内においてすら、ナチスドイツとは戦うよりも宥和《ゆうわ》を図るべきだという世論が支配的だったのです。理由は先述した通りで、イギリス国内の富裕層は、ヒトラーよりもボルシェビキの思想、共産主義者たちの「富の再配分」というイデオロギーの方を、はるかに危険な脅威と感じていたからです。

政府内においてナチスドイツとの宥和を図るべきだという議論を主導していたのは、チャーチルと首相の座を争ったハリファックス卿でした。当時、ヒトラーは枢軸国であるイタリアを経由して、イギリスに対して宥和策を提案していました。このヒトラーの提案に対して、イギリスとしてはこれを受け入れるか、あるいは突っぱねて開戦するかという、ギリギリの選択を迫られる状況でした。

外相であるハリファックス卿は宥和を主張します。ドイツとの宥和を勝ち取るその代償として、マルタ、ジブラルタル、スエズ運河などの資産をドイツに対して譲渡する、というのがハリファックス卿の落としどころでした。
チャーチルはハリファックス卿のこの提案に対して激怒しますが、議会の「空気」は宥和に傾いており、まさに「論理的な説得」では流れを変えられそうにありません。
この状況で議論を続けることは得策ではないことを悟ったチャーチルは流れを変えるため、議論が膠着状態に陥った午後5時の段階で2時間の休憩を入れ、7時に再開することを宣言します。そして会議を再開するにあたり、チャーチルは論理による説得を放棄し、一世一代の演説を打ちます。

私は自分が「あの男」(ヒトラー)と交渉に入ることが自分の責務かどうかについて、ここ数日間、熟考してきた。しかし、いま平和を目指せば、戦い抜いた場合よりもよい条件をひきだすことができるという考えには根拠がないと思う。(中略)私が一瞬でも交渉や降伏を考えたとしたら、諸君の一人ひとりが立ち上がり、私をこの地位から引きずり下ろすだろう。私はそう確信している。この長い歴史を持つ私たちの島の歴史が遂に途絶えるのなら、それはわれわれ一人ひとりが、自らの流す血で喉を詰まらせながら地に倒れ伏すまで戦ってからのことである。

——ボリス・ジョンソン『チャーチル・ファクター』

ドイツとの交渉に応じるか否かという問題は、すでにチャーチルにとっては外交問題などではありませんでした。自分たちが向き合っている選択に「ストーリー」を与えたのです。それはつまり、この意思決定というのは「暴力に頼って侵略を繰り返す男と戦い、自由を信奉する私たちの国を守り通すか、あるいは滅びるか」という選択だということです。

戦時内閣が午後7時に閣議を開始すると、すでに議論は終わっていました。宥和に流れかけていた空気は一転して「開戦への覚悟」へと転換し、ハリファックス卿が議論を降りたからです。イギリスによるナチスドイツへの宣戦布告がなければ、当然のことながらモンロー主義[*42]を掲げるアメリカによる世界大戦への参戦もあり得ません。そうなればヒトラーとナチスドイツによるヨーロッパ支配はずっと後になるまで、あるいは現在まで続いていた可能性もあります。

つまり、このときのチャーチルの「意味づけ」がなければ、世界は今とは随分と違ったものであった可能性が高いのです。そのようなことを考えるにつけ、決定的な局面においてこそ、リーダーには、自分たちが置かれている状況を大きなストーリーとして捉え、周囲の人に対して、自分たちの「意味」を与えることが求められるのだと思わざるを得ません。

まとめ

● 私たちが経営上で立ち向かう大きな問題は「WHAT＝何をするために存在するのか?」「WHY＝それはなぜ重要なのか?」「HOW＝どのようにして実現するのか?」の3つがあるが、現在のように未来が不確実で、モチベーションが競争力の大きな源泉となる社会では相対的に

「ＷＨＡＴ」と「ＷＨＹ」の重要性が高まる一方で、「ＨＯＷ」の重要性が低まる。

●明治維新以来、日本の組織ではこれまで「ＨＯＷのリーダーシップ」が重用された。欧米先進企業という目指すべきゴール＝ＷＨＡＴが自明のものとして提示され、また経済的な成長がそのまま幸福や生きがいなどを充足するという理由＝ＷＨＹが暗黙の前提として社会に共有されていた状況では、それで問題がなかった。

●「ＷＨＡＴ」と「ＷＨＹ」を伝えるためにはビジョンが必要となるが、日本企業の多くが抱えているビジョンは「共感を喚起する」という点で欠格している。

●優秀な人材を集め、彼らのモチベーションを引き出すためには、「ＷＨＡＴ」「ＷＨＹ」「ＨＯＷ」を明確化し、それらを整合的に、共感できるストーリーとして伝えることが必要となる。60年代のアポロ計画をはじめとして、過去において大きな成功を収めたプロジェクトや企業には、これらの要件が揃っているケースがよく見られる。

＊22　https://news.gallup.com/poll/165269/worldwide-employees-engaged-work.aspx

＊23　https://www.recruitcareer.co.jp/company/vision/pdf/research_report.pdf
14％という数値は「働く喜びを感じているか」という質問に対して「非常に感じている」「感じている」と回答した人の比率の合計。

＊24　マルコによる福音書9章34節あるいはルカによる福音書9章46節。

＊25　マタイによる福音書26章56節。

＊26 https://www2.deloitte.com/content/dam/Deloitte/global/Documents/About-Deloitte/gx-millenial-survey-2016-exec-summary.pdf

＊27 https://www.brainpickings.org/2011/12/21/steve-jobs-bicycle-for-the-mind-1990/

＊28 新約聖書マタイによる福音書第７章13節。

＊29 小泉信三（１８８８年５月４日～１９６６年５月11日）。日本の経済学者。東宮御教育常時参与として皇太子明仁親王（現上皇）の教育の責任者を務める。１９３３年から１９４６年まで慶應義塾塾長（第７代）。

＊30 ロバート・Ｈ・フランク、フィリップ・クック『ウィナー・テイク・オール――「ひとり勝ち」社会の到来』１９９８年、日本経済新聞社

＊31 他にも「役に立たないけど、意味がある」という商材を考えて議論してみると面白い。たとえば、音楽やアートや文学やワインなどもそのような商材として考えられるが、これらはことごとく極めて多様なブランドによって成り立っている。典型例がバーのカウンターに並ぶボトルの数々で、これを眺めているとつくづく「役に立たないものこそ多様なんだな」ということがよくわかる。

＊32 提供している財の体積あたりの付加価値によって収斂の度合いを考えてみると面白いかもしれない。たとえば世界中で「役に立つ」ガラスだが、体積あたりの付加価値が小さく、輸送コストが相対的に高くつくのでローカル企業が比較的、生き残りやすい。建築資材の提供業者は地域に分散化する傾向があるが、これは付加価値に対して相対的に輸送コストが高くつくからである。一方、ＩＣチップなどは体積あたりの付加価値が非常に大きいので収斂しやすい。最も極端なのが情報財で、これは事実上、体積がゼロなので非常に収斂しやすい。ＧＡＦＡが世界を席巻しているのは、彼らが提供する財の体積あたりの付加価値が極めて大きいからである。

＊33 https://www.statista.com/statistics/220534/googles-share-of-search-market-in-selected-countries/

＊34 ちなみに拙著『世界のエリートはなぜ「美意識」を鍛えるのか？』でも取り上げたマツダは、「役に立つけど、意味がない」というポジショニングから「役に立つ上に意味もある」というポジショニングへのシフトを行った企業の嚆矢と言えるかもしれない。

＊35 面白いのがアート市場で、「役に立たない×意味がない」と「役に立たない×意味がある」の両方にまたがっている。ほとんどの作品は「役に立たない×意味がない」のセグメントで経済的価値（≠美的価値）が認められていないが、一旦、その作品に何らかの意味づけがなされると、作品そのものは変化しないのに「役に立たない×意味がある」のセグメントへと移行して莫大な経済的価値を持つことになる。生前に評価されなかった作品が死後に大きな価値を持つのは、このシフトによる。アートをビジネスとして捉えれば、その核心は、この「意味づけ」にあり、それを担うのがキュレーターでありギャラリストの仕事ということになる。現代アーティストの村上隆が著書『芸術起業論』の中で繰り返し指摘しているのは、この「意味がある・ない」のラインをいかに超えるかという論点についてである。

＊36 ２０１８年10月末時点での財務諸表データに基づく算出。その後、ご存知の通りゴーン社長逮捕のニュースが流れ、日産のＰＢＲはさらに低い値となっている。

＊37　モンテーニュ『エセー』より。

＊38　ミシェル・ド・モンテーニュ（1533年2月28日〜1592年9月13日）。16世紀ルネサンス期のフランスを代表する哲学者。モラリスト、懐疑論者、人文主義者。現実の人間を洞察し人間の生き方を探求して綴り続けた主著『エセー』は、フランスのみならず、各国に影響を与えた。

＊39　フョードル・ミハイロヴィチ・ドストエフスキー（1821年11月11日〜1881年2月9日）。ロシアの小説家・思想家である。代表作は『罪と罰』『白痴』『悪霊』『カラマーゾフの兄弟』など。レフ・トルストイ、イワン・ツルゲーネフと並び、19世紀後半のロシア小説を代表する文豪である。

＊40　ちなみに、日本の総労働時間は中長期的には極めて明確な縮小傾向にある。厚生労働省の「毎月勤労統計調査」によれば、昭和40年代には概ね2200〜2400時間程度だった総実労働時間は、平成20年以降には概ね1700〜1800時間となっている。

＊41　いわゆる「ムーンスピーチ」と言われるもの。現在でもYouTubeでスピーチの動画を確認することができる。https://er.jsc.nasa.gov/seh/ricetalk.htm

＊42　アメリカ合衆国がヨーロッパ諸国に対して、アメリカ大陸とヨーロッパ大陸間の相互不干渉を提唱したことを指す。第5代アメリカ合衆国大統領ジェームズ・モンローが、1823年に議会で行った7番目の年次教書演説で発表した。この教書で示された外交姿勢がその後のアメリカ外交の基本方針となった。

THE RISE OF
NEWTYPE

第4章

ニュータイプの思考法

〉論理偏重から論理＋直感の最適ミックスへ

オールドタイプ ▼ 論理だけに頼り、直感を退ける
ニュータイプ ▼ 論理と直感を状況に応じて使い分ける

8 「直感」が意思決定の質を上げる

直感はとってもパワフルなんだ。
僕は、知力よりもパワフルだと思う。
この認識は、僕の仕事に大きな影響を与えてきた。[*43]

——スティーブ・ジョブズ

論理か直感か——なぜ日本企業は「分析麻痺」に陥るのか

意思決定における「論理」と「直感」の問題については、すでに『世界のエリートはなぜ「美意識」を鍛えるのか？』において、かなりの紙幅を割いて説明していますが、筆者の筆力の問題もあっていくらか誤解されている側面もあり、[*44] ここではあらためて、前著で触れなかった論点についても取り上げながら考察してみたいと思います。

まず、あらためて筆者の問題意識をシンプルに記述すれば、「企業の意思決定があまりにも論理偏重に傾くとパフォーマンスは低下する」ということになります。理由は大きく3つあります。

1つ目は、過度な論理思考への傾斜が招く**「差別化の喪失」**という問題です。これはすでに取り上げた「正解のコモディティ化」と表裏一体の問題といえます。

長いこと、分析的で論理的な情報処理のスキルは、ビジネスパーソンにとって必須のものだとされてきました。しかし、正しく論理的・理性的に情報処理をするということは、人と同じ「正解を出す」ということでもあるわけですから、必然的に「差別化の喪失」という問題を招くことになります。

2つ目は、分析的・論理的な情報処理スキルの**「方法論としての限界」**です。これは「VUCA化する世界」というトレンドによって発生している状況です。このような複雑で曖昧な世界において、あくまで論理的・理性的に意思決定をしていこうとすれば、いつまでも合理性を担保することができず、意思決定は膠着することになります。

経営の意思決定における合理性の重要さを最初に指摘したのは経営学者のイゴール・アンゾフですが、彼はまた同時に過度な分析志向・論理志向の危険性も指摘していました。

アンゾフは、1959年に著した『企業戦略論』において、合理性を過剰に求めることで企業の意思決定が停滞状態に陥る可能性を指摘し、その状態を「分析麻痺」という絶妙な言葉で表現しています。そして、私が見る限り、この状況は多くの日本企業において発生している問題でもあります。

3つ目は、論理では**「意味を作れない」**という問題です。すでに、現在の世界では「役に立つ」よりも「意味がある」ことの方に高い経済的価値が認められている点については指摘しました。「役に立つ」ということは、明確化された問題に対して解決策を提供するということで、この領域では論理や分析は大いに力を発揮します。しかし「意味がある」という市場において価値を生み出すことはできません。ゼロからイチを生み出す「意味の創造」は、論理でどうこうできる問題ではないのです。

論理と直感をしなやかに使いこなす

さて、このようにして「論理偏重」のもたらす弊害を指摘すると、「では論理ではなく直感で」と考えてしまいがちですが、それは筆者の意図するところではありません。

あるシステムがダメだからといってそれを別のシステムに代替しようというのはオールドタイプの思考様式であまりにガサツです。筆者の主張は「論理と直感を状況に応じて適切に使いこなす」というしなやかさが必要だということであり、まさにこの思考様式を発揮するのがニュータイプだということです。

たとえば先ほどの問題指摘に沿って考察すれば、原因と問題の因果関係が明確で、別に情緒的な差別化が求められない局面であれば、論理で解けばいいという話であって、わざわざ直感に頼る必要はありません。

逆に「意味」が非常に重要な局面において、いたずらに論理を積み重ねても良質なアウトプットは得られません。両者の問題解決アプローチにはそれぞれ一長一短があり、短兵急にどちらかだけを用いるべきだと断定することはできません。

この「論理と直感の長所と短所」という問題について、おそらく最も有益な示唆を与えてくれるのがダニエル・カーネマンによる研究でしょう。カーネマンと共同研究者のエイモス・トヴェルスキーは、のちにノーベル経済学賞を受賞するきっかけとなった研究から、人間は2つの思考方法を使い分けているということを明らかにし、これを「二重過程理論」としてまとめ上げました。この理論は、現在の行動意思決定論・行動経済学の基盤として広く普及しています。

二重過程理論によれば、人の脳では、外部からの刺激に対して、大きく2種類の意思決定の過程（システム）が同時に、異なるスピードで起きます。この2つの異なるシステムを、カーネマンらは「システム1（直感）」と「システム2（論理）」として、次のように説明しています。

「システム1」は自動的に高速で働き、努力はまったく不要か、必要であってもわずかである。また、自分のほうからコントロールしている感覚は一切ない。「システム2」は、複雑な計算など頭を使わなければできない困難な知的活動にしかるべき注意を割り当てる。システム2の働きは、代理、選択、

集中などの主観的経験と関連づけられることが多い。

――ダニエル・カーネマン『ファスト&スロー　上』

これら2つのシステムは対置されるようなイメージがありますが、実際のところは同時に機能させることが可能です。たとえば作曲家は、曲全体の構想を練るときにはシステム2を活用し、即興演奏ではシステム1を活用していますし、ほとんどのビジネススクールでは、ファイナンスや戦略論でシステム2を鍛えながら、たくさんのケースで擬似経営体験をすることでシステム1を鍛えるというカリキュラム設計になっています。

これはつまり、こういった知的専門職で高いパフォーマンスを上げるためには、システム1（直感）とシステム2（論理）の、両方をバランスよく使うことが求められている、ということです。

論理と直感のバランスでパフォーマンスは上がる

論理と直感をバランスよく使いこなすためには、どのような局面において、直感と論理のどちらを意思決定に用いるべきかという意思決定、つまり「メタ意思決定」が重要になります。これを間違えてしまうと、論理思考で有効な答えが出せる局面で直感を用いてトンチンカンな回答を出力してしまう一方で、創造的な解が求められる局面で論理を用いて陳腐な回答を出力してしまう、ということになります。

留意しておくべきなのは、データとアルゴリズムを用いて回答することが可能な問題について、システム1、つまり直感はかなりお粗末なパフォーマンスしか上げられない、という点です。これは後述する「専門家による予測はチンパンジーのダーツ投げ程度の精度でしかない」というテトロックとの研究とも符合するのですが、だからといって「システム1は信用ならない」と結論づけるのは早計です。

数値データが取得可能で判断のアルゴリズムが記述できる典型的な例となる、裁判の量刑や住宅価格の変動などは、おそらくシステム1よりもシステム2の方がはるかに高いパフォーマンスを上げると思われます。

しかし、このような条件に該当しない場合、つまりアルゴリズムとして記述できないような、要素が多数で複雑に絡むようなケースにおいて、システム2だけに頼るのは危険だということが近年の研究から指摘されています。

早稲田大学の入山章栄教授のレポートからの抜粋を引きましょう。

マックス・プランク研究所のゲルド・ギゲレンザーらが二〇〇九年に『トピックス・イン・コグニティブ・サイエンス』に発表したレビュー論文では、近年のさまざまな研究成果から、「ヒューリスティッ

ク・直感は、意思決定のスピードを速めるだけでなく、状況によって論理思考よりも正確な将来予測を可能にする」ことを主張している。これには驚かれる方もいるのではないだろうか。しかし、これが認知科学研究の最近の主張なのである。ギゲレンザー論文によると、そのポイントは「分析と予測」の違いにある。もし人が「分析」だけを行いたいなら、情報をなるべく多く集めて、時間をかけて論理的に行ったほうがよい。しかし、意思決定に必要な「将来の予測」では、大量に情報を精査しすぎると、逆に情報それぞれが持つばらつき（分散：variance）に予測モデルが左右されすぎてしまう傾向があるのだ。逆に、多少バイアスがあっても、特定の少ない情報（cue）にだけ頼るほうが、各情報のばらつきに左右されないので、結局は正確な将来予測・意思決定ができる、という主張なのである。

――入山章栄「意思決定の未来は『直感』にある」（DIAMOND ハーバード・ビジネス・レビュー）

ギゲレンザーの研究によれば「予測に関わる情報が多すぎると、それぞれの情報が持っている精度上のばらつきによって予測モデルが左右されてしまう」ということですから、まさに予測の対象がＶＵＣＡになればなるほど、システム２のパフォーマンスは低下し、システム１への依存度が高くなるということを示しています。

相対的に「直感」が重要な時代

オールドタイプが頑なに論理的であることを求めようとするのに対して、ニュータイプは状況に応じて論理と直感をしなやかに使い分けます。では「論理」と「直感」を使い分ける際の判断の立脚点はあるのでしょうか。最終的には、それこそ「センス＝直感」としか言いようがないようにも思いますが、ここでは2つの着眼点を提示しておきましょう。

1つ目の着眼点は、先述した「役に立つ」と「意味がある」というフレームです。「役に立つ」方向でパフォーマンスを高めたいのであれば、主軸となるのは「論理」です。「役に立つ」ということは効果関数で記述できるということですから、要素を分解した上で数値目標を設定し、目標を達成するための活動計画を実施すればいい、ということになります。

一方で「意味がある」方向でパフォーマンスを高めたいのであれば、「論理」は役に立たず、センスに代表される「直感」が決め手となります。どのような「意味」や「ストーリー」を紡ぎだせば顧客に刺さるか、という問いに「論理」は答えを出すことができません。

あらゆる企業も組織も個人も、最初は「役に立たない×意味がない」という地点からスタートし、どこかに自分の居場所をつくろうとします。このとき、始点からどの象限に向かって、どれくらいの傾きで成長させるかを考えるのが、まさに成長戦略だということになるわけですが、このとき「役に立つ」というY軸の方向に成長させるのであれば、相対的に「論理」が重要になり、「意味がある」というX軸の方向に成長させたいのであれば、相対的に「直感」が重要だということになります。

さて次に「論理」と「直感」の使い分けに関する着眼点として2つ目に指摘したいのが「希少なものと過剰なもの」という対比です。言うまでもなく「希少なもの」の価値は高まり、「過剰なもの」の価値は減ることになります。つまり「論理」と「直感」を比較してみた場合、双方が生み出すものが「過剰なもの」なのか「希少なもの」なのかを考えることが必要だということになります。当然のことながら、すでに「過剰なもの」を生み出しても、得られる限界利益は小さなものでしかありません。一方で「希少なもの」を生み出すことができれば、そこから大きな豊かさを享受することができます。

では一体、現在の世界において「何が過剰」で「何が希少」なのでしょうか。対置して整理すれば図13のようになります。

このリストを一覧すれば結論は明白です。「過剰なもの」がことごとく「論理と理性」によって生み出されているのに対して、「希少なもの」はことごとく「直感と感性」によって生み出されています。つまり、現在の世界において「希少なもの」を生み出そうとするのであれば、「直感と感性」を駆動せざるを得ない、ということです。

ここで注意してほしいのが、ここに「過剰なもの」として挙げられている項目が、かつてはこ

図13 今の社会で「過剰なもの」と「希少なもの」

過剰なもの		希少なもの
正解	＞	問題
モノ	＞	意味
データ	＞	ストーリー
利便性	＞	ロマン
説得	＞	共感
競争	＞	共創

とごとく「希少なもの」だったということです。特に昭和の中期から後期にかけて、世の中には数多くの問題が山積しており、その問題を解決するための「正解」や「モノ」や「利便性」は逆に希少でした。だからこそ、これらの「希少なもの」を生み出すための論理やデータを扱える個人や組織には、大きな富がもたらされたわけです。

しかし今日では、この「希少なもの」と「過剰なもの」の関係は逆転し、かつて希少だったものはことごとく今日、過剰になりつつあります。このような世界にあって、相も変わらずに論理だけに主軸をおいて意思決定をはかろうとするオールドタイプの思考様式を続けていれば、すでに過剰になっているものを生み出すことになり、それは必然的に人材と組織のコモディティ化を招くことになります。

まとめ

- 企業の意思決定があまりにも論理偏重に傾斜すると、①差別化の喪失、②意思決定にかかる時間の長期化あるいは膠着、③意味の市場における競争力の減退、という3つの問題を招くことになる。
- 経営における問題には論理で解くべき問題と、論理では解くことのできない問題がある。問題の性質を見極めて、論理と直感のどちらを用いて対処するべきかを決定する、メタ意思決定の能力が重要になってきている。
- ダニエル・カーネマンはシステム1（直感）とシステム2（論理）の2つが人間の意思決定をコントロールしており、システム1（直感）を、解析的に解くことができる問題に用いると、意思決定のパフォーマンスが低下することを明らかにした。この指摘もまた同様に、直感と論理を適宜、適切な対象に用いることの重要性を示唆している。
- 近年の研究からは、高度に複雑な問題について過度に論理的な解を出そうとすると、データの精度のばらつきによってかえって解の品質が悪化することが明らかになってきている。このような状況では、適切にヒューリスティックや直感を用いることが、かえって意思決定の品質を高める。

野生の思考

オールドタイプ▼生産性を上げる
ニュータイプ▼遊びを盛り込む

9 「偶然性」を戦略的に取り入れる

遊《あそ》びをせんとや生《うま》れけむ、戯《たはぶ》れせんとや生《むま》れけん

——『梁塵秘抄』

なぜ自然界に「エラー」が存在するのか

私たちは一般にエラーというものをネガティブなものとして排除し、できるだけ生産性を高めようとします。しかし、自然淘汰のメカニズムには「エラー」が必須の要素として組み込まれています。なんらかのポジティブなエラーが偶然に発生することによって、システムのパフォーマンスが向上するからです。

自然界の進化の仕組みには「エラー」という要素が不可欠のものとして組み込まれているにも

かかわらず、私たちは自分たちのオペレーションからエラーというものを排除しようとします。これは本当に正しい考え方なのでしょうか？

エラーが長期的に生産性を向上させるメカニズムとして機能している事例として「アリ塚」を取り上げて考察してみましょう。

アリ塚では、働きアリの一匹が巣の外でエサを見つけると、フェロモンを出しながら巣まで帰って仲間の助けを呼び、他のアリは地面につけられたフェロモンをトレースすることでエサまでのルートを知り、巣まで手分けしてエサを運搬する、ということが行われています。したがって、巣のメンバーにとってエサの獲得効率を最大化させるカギは、フェロモンをどれくらい正確にトレースできるかという点にあるように思われるわけですが、これが実はそうではないのです。

広島大学の西森拓博士の研究グループは、このフェロモンを追尾する能力の正確さと、一定の時間内にコロニーに持ち帰られるエサの量の関係を、コンピューターシミュレーションを使って分析するという興味深い研究を行っています。[*45]

六角形を多数つないだ平面空間を、エサを見つけると仲間をフェロモンで誘引するアリAが移動するように設定し、Aを追尾する他の働きアリには、Aのフェロモンを100％間違いなく追尾できるマジメアリと、一定の確率で左右どちらかのコマに間違えて進んでしまうマヌケアリをある割合で混ぜ、マヌケアリの混合率の違いによってエサの持ち帰り効率がどう変化するかを調べました。
するとどうしたことか、完全にAを追尾するマジメアリだけのコロニーよりも、間違えたり寄り道したりするマヌケアリがある程度存在する場合の方が、エサの持ち帰り効率は中長期的には高まることがわかりました。これはどういうことなのでしょうか？

つまり、アリAが最初につけたフェロモンのルートが、必ずしも最短ルートでなかった場合、マヌケアリが適度（？）に寄り道したり道を間違えたりする、つまりエラーを起こすことで、偶然に最短ルートが発見され、他のアリもその最短ルートを使うようになり、結果的に「短期的な非効率」が「中長期的な高効率」につながる、ということです。

この研究結果は、私たちが何気なく用いている「生産性」という概念が、実は極めてトリッキーな概念なのだという示唆を与えてくれます。先述したアリのコロニーに関していえば、まだ誰も「新しいルート」を見つけていないとき、生産性を高めるためにはフェロモンを正確にトレースするのが最善の策であるように思われますね。

この状況で、フェロモンを正確にトレースできないマヌケアリが混ざれば、そのマヌケアリが偶然に「新しいルート」を見つけるまで、生産性は一時的に低下することになります。

ところが、ここに「時間」と「偶然」という要素が入り込んできます。マヌケアリがフェロモンをトレースすることに失敗して「偶然に」もっと効率的な新しいルートを発見すれば、生産性は飛躍的に高まることになります。

つまり、ここでは「中長期の生産性向上」と「短期の生産性向上」がトレードオフの関係になっている、ということです。これはイノベーションマネジメントが持つ本質的な難しさのポイントです。

短期的な生産性を高めるためにはエラーも遊びも排除して、ひたすらに生産性を高めるために頑張るのが得策かもしれませんが、そのようなことを続ければ中長期的な視点で飛躍的に生産性を高めるための偶然の発見はもたらされないということです。

このように考えてみれば、特に現在のように先行きの見通しが不透明で、何が正解で何が不正解なのかがはっきりしない状況において、いたずらに短期的な生産性だけを求めるのはオールドタイプの思考様式だと断じるしかありません。

このような時代にあってはむしろ、意識的に遊びを盛り込みながら、セレンディピティを通じた飛躍の機会を意図的に含ませるニュータイプの思考様式が求められることになります。

遊びとイノベーション——偶然性を戦略的にいかに盛り込むか

さて、アリ塚の研究から得られる示唆を組織論の枠組みで考えてみると、革新的な業績を数十年にわたって起こし続けている企業の多くが、生産性を求める「規律」だけでなく、絶妙に「遊び」を盛り込んでいる理由が見えてきます。

たとえば代表的な会社が３Ｍです。３Ｍが研究職に対してその労働時間の15％を自由な研究に投下していいというルールを持っていることはよく知られています。

これだけ聞けば「随分と自由奔放な会社なんだな」と思われるかもしれませんが、一方で、同社では過去３年以内にリリースした新商品が売上高の一定比率を上回っていなければいけないという厳しい規律を管理職に課してもいます。

つまり、同社では厳しい「規律」＝「常に新しい商品が生み出され続けること」を実現するために、戦略的に「遊び」＝「研究者はその労働時間の15％を自由に使って構わない」を盛り込んでいるわけです。

これはグーグルなどにも同様に採用されている仕組みですが、次々と新しいサービスや新商品を生み出す企業では、仕組みや程度は異なるものの、この「規律」と「遊び」のバランスが絶妙なのです。

３Ｍやグーグルが研究職の時間を一定比率、自由裁量に任せているというのは経営における資源配分の問題として考えることができます。言うまでもなく人的労働力は経営資源ですが、研究者の時間の15％を自由裁量に任せているということはつまり、人的労働資源の15％を経営がコントロールせず、現場での偶発的なアイデアに自由に投入させているということになります。コントロールする領域に意図的に遊びを設けて、偶然が入り込む余地を設けているわけです。

通常、経営資源の投入には、投入される資源に対して期待されるリターンが想定されます。つまり「何の役に立つのか」という問いに対して明確に答えられる活動に資源が振り向けられるわけです。

しかし、このような「何の役に立つのか」という問いに対して明確に回答できる試みだけに経営資源が投入されていれば、偶然がもたらす大きな飛躍は得られないということになります。

今日のような不確実な世界において、いたずらに「何の役に立つのか」ということを追求して「遊び」のもたらす偶然の機会を排除しようとするのはオールドタイプの思考様式と言えます。

一方、ニュータイプは「規律」のなかに「遊び」を持たせる余地を戦略的に入れ込みながら、偶然のもたらす大きな飛躍＝セレンディピティを追求します。

過去の大発明は偶然？――イノベーションと商業化の大いなるジレンマ

これをよく示しているのが過去の大発明です。たとえば、発明王トーマス・エジソンは蓄音機を発明するために48時間不眠不休でぶっ続けで働いていますが、蓄音機をどのような用途に役立てるか、明確にはイメージできていませんでした。

何の役に立つのかよくわからない、と思いながら、48時間ぶっ続けで働けるというのも常人の理解を絶していますが、どうも発明というのは「そもそも」そういうものらしいのです。

私たちは「使用目的」が想定された後に、発明という行為が行われる、と考えがちですが、過去の発明の多くは、当初の目的とは異なる領域で大きな経済価値を生んでいます。

これらの事例は、よく言われる「用途を明確化しない限り、イノベーションは起こせない」ということが、間違いとは言わないものの、誤解を招きかねない主張であることを示唆しています。多くのイノベーションは、「結果的にイノベーションになった」に過ぎず、当初想定されていた通りのインパクトを社会にもたらしたケースはむしろ少数派なのです。

では「何の役に立つのか」という点を明確にしないまま、興味の赴くままに野放図に開発をすればいいのかというと、それで成果が出るとも思えません。

コンピューターの歴史について学んだことのある人であれば「用途市場を明確化せずに研究者の白昼夢に金をジャブジャブつぎ込み続けた結果、すごいアイデアがたくさん生まれたけれども一円も儲からなかった」という悪夢のような事例、ゼロックスのパロアルト研究所の話を聞いたことがあるでしょう。

パロアルト研究所は、マウスやGUI、オブジェクト思考プログラミング言語といった、現在のコンピューターでは常識となっているさまざまなデバイスやアイデアを先駆的に開発したにもかかわらず、何一つそれらを商業化できず、挙句の果てにそれらの発明がもたらす果実をすべて他社に取られてしまいました。

ここに、我々は非常に大きなジレンマを見出すことになります。つまり、用途市場を明確化しすぎると大きな価値創出の機会を逃すことになりかねない一方、用途市場を不明確にしたままでは開発は野放図になり商業化はおぼつかない、ということです。

イノベーションに求められる「野生の思考」

ということで、ここで重要になるのが「何の役に立つのかよくわからないけど、なんかある気がする」というニュータイプの直感です。

これは人類学者のレヴィ・ストロースが言うところの「ブリコラージュ」と同じものと言えるでしょう。レヴィ・ストロースは、南米のマト・グロッソのインディオたちを研究し、彼らがジャングルの中を歩いていて何かを見つけると、その時点では何の役に立つかわからないけれども、「これはいつか何かの役に立つかもしれない」と考えてひょいと袋に入れて残しておく、という習慣があることを『悲しき熱帯』という本の中で紹介しています。

そして、実際に拾った「よくわからないもの」が、後でコミュニティの危機を救うことになったりすることがあるため、この「後で役に立つかもしれない」という予測の能力がコミュニティの存続に非常に重要な影響を与える、と説明しています。

そしてこのブリコラージュこそが、予定調和を過度に重んじるオールドタイプと対比される、ニュータイプの思考様式ということになります。

レヴィ・ストロースは、この不思議な能力、つまりあり合わせのよくわからないものを非予定調和的に収集しておいて、いざというときに役立てる能力を近代的で予定調和的な道具の組成と対比して考えています。

レヴィ・ストロースは、サルトルに代表される近代的で予定調和的な思想（つまり用途市場を明確化してから開発する、といった思考の流派）よりも、それに対比される、より骨太でしなやかな思想をそこに読み取ったわけですが、実は近代思想の産物と典型的に考えられているイノベーションにおいても、ブリコラージュの考え方が有効であることが読み取れるのです。

翻って、現在の日本企業においては、「それは何の役に立つの？」という経営陣の問いかけに答えられないアイデアは資源を配分されません。しかし、世界を変えるような巨大なイノベーションの多くは「何となく、これはすごい気がする」という直感に導かれて実現しているのだということを、我々は決して忘れてはなりません。

まとめ

- 生物の遺伝をはじめとして、自然界にはさまざまなエラーがシステムに内包されている。短期的には効率性を悪化させるエラーがなぜシステムに内包されているかというと、エラーによる思いがけない変化が、中長期的に見れば飛躍的な進化の契機になるからである。
- したがって、生産性を向上させるためにできるだけエラーを少なくして効率を高めようという、20世紀後半から21世紀初頭において支配的だったオールドタイプの考え方は、中長期的な飛躍の契機の芽を摘んでしまうことになりかねない。

●特に、現在のようなVUCAな世界においては、将来、何が必要になるかを見通すことが極めて難しくなっており、したがって、「何が役に立つか」ということ「だけ」を考えて、将来に向けて準備するというオールドタイプの思考様式は、今日ほとんど意味をなさなくなりつつある。

●将来を確定的に予測して必要なもの「だけ」を準備するわけではなく、かといってまったく何の準備もしないというわけでもない、その中間となるニュータイプの思考様式、つまり「大きな方向性は持った上で、すべてを予定調和させるのではなく、直感と予感に基づいて仕込みをする」という営み＝ブリコラージュが今後はリーダーにとって必須の素養となる。

美意識

オールドタイプ▼組織のルール・規範に従って「無批判」に行動する
ニュータイプ▼自らの道徳・価値観に従って「わがまま」に行動する

10 ルールより自分の倫理観に従う

現代において、トランスサイエンスのような定義、つまり科学万能主義に対するオルタナティブを見つける必要性が、60年代よりも強まっていると思います。科学でなければ、何が答えを準備してくれるかを明言することは難しいですが、その答えのひとつとしてあるのは「倫理」でしょう。人間が何をすべきか、何をなすべきでないかの線引きは、科学では用意できません。

——村上陽一郎*46

「わがまま」は最高の美徳

かつて20世紀の前半、近代社会のシステムがますます支配的になるなかで、システムに従順ならざること、すなわち「わがまま」であることの重要性を説いたのがノーベル文学賞作家、ヘルマン・ヘッセでした。ヘッセは、その名も「わがまま」と題されたエッセーの中で次のように書いていています。

ひとつの美徳がある。私が非常に愛している唯一の美徳である。その名を「わがまま」という。私たちが書物で読んだり、先生のお説教のなかで聞かされたりするあの非常にたくさんの美徳の中で、わがままほど私が高く評価できるものはほかにない。けれどそれでも人類が考え出した数多くの美徳のすべてを、ただひとつの名前で総括することができよう。すなわち「服従」である。問題はただ、誰に服従するかにある。つまり「わがまま」も服従である。けれどもわがまま以外のすべての、非常に愛され、賞賛されている美徳は、人間によってつくられた法律への服従である。唯一わがままだけが、これら人間のつくった法律を無視するのである。わがままな者は、人間のつくったものではない法律に、唯一の、無条件に神聖な法律に、自分自身の中にある法律に、「我」の「心」のままに従うのである。わがままが、さほど愛されていないのは残念なことである!

——ヘルマン・ヘッセ『わがままこそ最高の美徳』

ヘッセが指摘する通り、わがままというのは一般にネガティブな形容詞として用いられています。特に、組織における同調主義＝コンフォーミズムが強く働く日本において、「わがまま」は最も忌避される人格特性の1つだと言えるでしょう。しかし、そのネガティブな形容詞をヘッセは「最高の美徳」だと指摘しています。その証拠としてヘッセは、現在の私たちが最高の美徳の体現者であったと考える歴史上の人物、すなわちソクラテス、イエス・キリスト、ジョルダーノ・ブルーノらを挙げて、彼らがその当時の社会のルール・規範に対抗して、自分の内面的な道徳・価値観に従った「わがまま者」であったことを指摘しています。

私たちは一般に「決められたルールに従う」ということを無条件に良いことだと考え、何かを判断しなければならないとき、まずルールを確認し、確認したルールに立脚して判断しようとします。しかし、このような思考様式には2つの点で大きな問題があります。

1つ目は、そもそも規範そのものに倫理的な問題がある場合、規範に従うことで多くの人が倫理を踏み外すことになるからです。米国における公民権運動のトリガーとなった「バスボイコット事件」は、工場労働者であったローザ・パークスが、バスの白人専用座席から立とうとしなかったため、警官に逮捕されたことがきっかけで発生しています。

このとき「私は何か悪いことをしたのですか？」と尋ねるパークスに対して、警官は「さあね、でも法律は法律だからな」と答えています。これは、社会的に設定された規範に従うだけで、内在的にその規範が「真・善・美」に則るものであるかどうかを問うことを忘れてしまった悲惨な人間の典型的な回答です。このような人間たちには、毅然としてルールに従わず、白人専用の座席から立とうとしなかったローザ・パークスは、まさに「わがまま」に映ったことでしょう。しかし、このパークスの「わがまま」が起爆剤となってバスボイコット運動へとつながり、それがやがて全米の公民権運動へとつながり、文字通り世界を変えることになったのです。

そして、変わる前の世界と変わった後の世界では、規範そのものもまた変わってしまうことになります。事件「後」の世界の人々から見れば、事件「前」の世界の人々は、いかにも無知蒙昧で野蛮な人々に見えることでしょう。しかし、ここに落とし穴があります。そう、私たちが現在、考えることなく無批判に従っている規範の多くもまた、これから「後」の時代の人々から見れば、いかにも無知蒙昧で野蛮なものにきっと見えるだろう、ということです。ヘッセの言う「わがままな人」は、これらの規範が、そもそも規範たり得ていない、ということを多くの人に気づかせるきっかけを作ってくれる人物だということです。

「ルールさえ守ればいい」が破滅を招く

さて次に「決められたルールに実直に従い、何かを決めるときはルールを確認し、ルールに立脚して判断する」という思考様式がもたらす2つ目の問題点として指摘しなければならないのが、このような考え方が強く働きすぎることで、しばしば逆の命題が肯定されるという点です。それはつまり「立脚点になるようなルールが存在しないのであれば、何をやってもいいのだ」という考え方です。しかし、このようなオールドタイプの思考様式は今日、破滅的な結果を当事者にも社会にももたらすことになりかねません。

なぜ、これまで規範として有効に機能した「ルールさえ守っていればいい」という考え方が破滅的な結果を招くことになるのでしょうか。なぜなら、さまざまなテクノロジーやビジネスモデルの変化に対して、ルールの制定が追いついていない状況が発生しているからです。このような世界にあって、内在的な価値観に従う、つまり「わがまま」になることなく、外在的な規則だけに従っていればいいというオールドタイプの思考様式は、どこかで決定的なエラーを招くリスクを高めることになります。このような世界においては、制定されたルールのみに頼らず、道徳や倫理といった内在的な規範に基づいてモノゴトを判断していく必要があります。

この点については、すでに『世界のエリートはなぜ「美意識」を鍛えるのか？』で詳しく取り上げましたが、ここではおさらいを兼ねて経緯を確認しておきましょう。題材になるのはネット系ベンチャーによって主導された2つの不祥事です。

1つ目は、2012年に発生した、いわゆる「コンプガチャ問題」です。

コンプガチャというのはゲームにおける課金の仕組みです。いわゆる「ガチャガチャ」のようにランダムに入手できるアイテムのうち、特定の複数アイテムをすべて揃える（＝コンプリートする）ことで希少なアイテムを入手できるという仕組みを大まかに総称してこのように呼びます。

さて、このコンプガチャですが、一時的には極めて収益性の高い事業になったものの、やがて希少なアイテムを手に入れるために高額の費用をゲームに注ぎ込んで破綻する若者が続出して社会問題となり、最終的には消費者庁から「景品表示法違反の疑いがある」と指摘され、すべての企業がサービスを停止することになりました。

２つ目が、２０１６年に発生したキュレーションメディアの問題です。ＤｅＮＡが運営していたＷＥＬＱをはじめとした複数の媒体において、誤情報の記載や著作権をクリアしていない他媒体の記事の無断転用といったことが横行し、こちらも社会問題となりました。特に問題になったのは、ＷＥＬＱが医療情報を提供するウェブサイトだったことです。

言うまでもなく医療情報は人の生命に関わるものであり、その信頼性には十全の配慮が求められますが、多くの企業はこれらの媒体の閲覧に関して「提供情報については、その真偽や正確性について、当社は責任を負わない」と、明確に責任を回避していました。

これらの事例を通じてポイントになるのが、事業を始めるときは経済性、やめるときは社会的圧力がきっかけになっており、始めるにしても、やめるにしても、そこに内発的な規範が関わっていない、ということです。特に事業開始の意思決定にあたっては、「法律で禁止されていない以上、別に問題はないだろう」というのが、彼らの判断基準になっています。

不確定な時代こそ「真・善・美」による意思決定をする

さて、明文化されたルールだけを根拠として、判断の正当性そのものの考察には踏み込まない、その判断が「真・善・美」に則るものであるかどうかは問わないという考え方は、法学でいう実定法主義に該当します。当然のことながら、実定法主義のもとでは、「法そのもの」の是非は問われません。先ほど紹介したバスボイコット事件における警官の一言「さあな、でも法律だからな」という考え方は、まさに実定法主義の考え方です。

一方、このような考え方に対して、自然や人間の本性に合致するかどうか、その決定が「真・善・美」に則るものであるかどうかを重んじる法哲学を自然法主義と呼びます。実定法主義とは異なり、自然法主義のもとでは、法そのものの是非が批判的検討の対象となります。

実定法主義では、自然法主義とは異なり、法は人為的に、トップダウンで制定されます。このとき、その法は、その時点における固定的で閉鎖的なシステムの内部におけるルールとして機能することを期待されて制定されることになります。

ところが昨今、いろんなところで起こっているのが、テクノロジーやビジネスモデルの変化に対して、法律の整備が追いつかないという状況です。現在では特に遺伝子操作や人工知能といった、極めて倫理的な判断の難しい領域においてこの状況が発生しているため、法律などの明文化された規則だけを判断の基準として用いる実定法主義的な考え方は危険です。

なぜ危険かというと、ただ単に「違法ではない」という理由で、倫理を大きく踏み外した場合、社会的な制裁を加えられてしまう恐れがあるからです。

では、何を判断の拠り所にするのか？　もうおわかりでしょう。システムの変化があまりく、明文化されたルールの整備がシステムの進化に追いつかない世界においては、自然法的な考え方が重要になってきます。つまり内在化された価値観や美意識に従って「わがまま」に判断することが必要だ、ということになります。

そんな曖昧なものに頼るしかないのか、と感じられた方もいるかもしれません。しかし筆者に言わせれば、それはむしろ逆です。システムに引きずられる形で、いつ後出しジャンケン的に改定されるかわからない明文化されたルールよりも、自分の内側に確固として持っている「真・善・美」を判断する方が、よほど基準として間違いがありません。実際に、好業績を継続的に挙げている企業には、社是としてこのような「自分たちの価値観」を掲げている企業が、少なくありません。

グーグルの戦略的で合理的な判断軸

例えば、よく知られている通り、グーグルは社是に「邪悪にならない（= Don't be Evil)」という一文を掲げています。行動規範としては非常にユニークですが、この一文を「グーグルの価値観=わがまま」の表出だと考えてみればわかりやすいと思います。

グーグルが事業を展開している情報通信や人工知能の世界は極めて変化が激しい、つまりルールの整備がシステムの変化に対して後追いでなされるような世界です。このような領域において大きな事業を運営していこうとする場合、さまざまな意思決定を明文化されたルールのみに従って行っていたのでは、決定的な誤りを犯してしまう可能性があります。

では何を判断の軸にするべきか、そこで出てきたのが、「正邪の側面から考えよう」という判断軸です。グーグルが「邪悪にならない」という社是を掲げているのは、カリフォルニアの青臭いカウンターカルチャーの残滓《ざんし》などではまったくありません。システムの不安定な世界、人類が向き合ったことのない未曾有の選択を迫られるような事業環境において、決定的な誤りを犯さないための、極めて戦略的で合理的な社是なのです。

このような「価値観」が経営上の大きな意思決定に寄与したと考えられるのが、アメリカ国防総省との共同プロジェクトに関する一連の騒動でした。ニューヨークタイムズの記事によれば、グーグルが米軍の無人機（ドローン）による画像認識に協力したことに対して社内で抗議活動が広がり、従業員4600人が協力をやめるよう求める嘆願書に署名し、また抗議のために辞職する人が続出したというのですね。[*47]

グーグルの社員はまさに、人工知能による画像認識を武器に利用するという経営判断に対して、法律や業界ルールではない、内発的な倫理や道徳という規範に照らして、経営陣に対してオピニオンを突きつけたわけです。

最終的には、この騒動を受け、グーグル経営陣は人工知能を武器に利用しないという原則を作成して公表するに至っています。これは組織メンバーの美意識や価値観が、経営者に対して大きな牽制として働いた事例としてとてもわかりやすいものです。

短期的な利益だけを求めて、ルールの未整備な状況を追いかけることばかり続けている日本のネット企業が、逆に短期的な利益を捨てて、中長期的な自分たちのミッションに立ち返ろうとするアメリカのネット企業ほど経済的な成功を収めることができていない、というのは実に皮肉なものです。

テクノロジーが人間の想像力をはるかに超える進化を遂げつつあり、世界がますますVUCAになっていく中で、テクノロジーと人間の関係性を、あくまで「人間が主、テクノロジーが従」という関係に保ち続けながら、進化するテクノロジーをより豊かで人間的な世界の建設に用いようと思うのであれば、テクノロジーを使う私たち人間側は、あらためてルール以外の判断となる立脚点を持つことが必要だと思います。

まとめ

- 現在の世界では、たとえば遺伝子解析や人工知能など、先進的で社会に与えるインパクトの大きい領域ほど、ルールが未整備な状態になっている。このような世界にあっては、ルールに依存せず、自分の内在的な規範や美意識に基づいてモノゴトを判断していくための「成熟した知性」が不可欠になっている。

●日本ではここ10年ほどのあいだ、特にネット系のスタートアップを中心にしてさまざまな不祥事が発生している。この不祥事の発生経緯を確認すると、ルールの未整備な領域を見つけてそこで荒稼ぎした後で、世間からの顰蹙《ひんしゅく》を買って撤退するというパターンで一貫している。

●一方で「邪悪にならない」という社是を掲げるグーグルは、巨大な利益を生む事業に育つ可能性のある国防総省との人工知能に関する共同研究を、従業員からの圧力によって停止している。これは、自分たちの美意識や規範を持っている組織が、どのようにして自分たちの関わる仕事について視座の高い規律を当てはめているかを示す例と言える。

●進化のスピードが早く、複雑化していく世界において、外在的なルールだけに頼って自分たちの行動を律するのはリスクが大きすぎる。これからの時代は、自分の中にある「真・善・美」の基準に照らして、自分たちの行動を律していかなければ大きなカタストロフィを回避することはできない。

意思決定

オールドタイプ▼量的な向上を目指す
ニュータイプ▼質的な向上を目指す

11 複数のモノサシを同時にバランスさせる

私たちはかなり前から個人の優秀さや共同体の価値を、単なる「量」で測るようになってしまいました。もしGNPでアメリカ合衆国の価値を測れるのなら、GNPには大気汚染やたばこの広告費や交通事故で出動する救急車が、あるいはナパーム弾や核弾頭や暴動鎮圧のための装甲車が含まれています。（中略）一方、GNPには詩の美しさや家族の絆や公的議論の知性や公務員の高潔さが、あるいは私たちの機転や勇気や知恵や学びや思いやりが含まれません。つまりGNPは、ありとあらゆるものを計測しますが、私たちの人生を価値あるものにする要素は何も計測しないのです。

——ロバート・F・ケネディ*48

量的指標は無意味化している

これまでに考察してきた「モノが過剰になる一方で、問題が希少化している」という状況は、必然的に「量的指標の無意味化」という事態を私たちに突きつけます。

これまで「量」というのは、対象のパフォーマンスを測る上でとても便利なモノサシでした。代表例がGDPです。かつてGDPはその社会の「豊かさ」を示す指標としてとても便利だったわけですが、GDPがある一定の水準を超えてしまうと、幸福度などの質的指標とほとんど相関がなくなり、指標として意味をなさなくなります。この「量的指標の無意味化」という問題は、さまざまな領域で発生しています。

たとえば寿命を考えてみましょう。平均寿命は長期的な伸長トレンドにあり、おそらく近いうちに100歳に届くことになると思われますが、ではこの数字をそこから先、さらに延ばしていくことにどれだけの意味があるかと問われれば、多くの人が答えに窮するのではないでしょうか。

平均寿命が40歳だった社会を倍の80歳に延ばすことの意味と、平均寿命が80歳の社会を160歳にすることの意味はまったく異なります。むしろここで問われるのは「老齢期の人生の質」という問題です。つまり、寿命についてはすでに「量」の問題から「質」の問題へと重点はシフトしており、「質」の問題が改善されないままに、これ以上「量」の向上を図ったところで、大きなメリットはないということです。

同様のことが家電や自動車の性能についても言えます。たとえば、読者の皆さんのご家庭にあるテレビのリモコンには、どうしてこれほどまでの数が必要なのかといぶかしく思えるほどの、膨大な数のボタンがあると思います。それらの多くは一体どんな役割・機能を担っているのかもよくわからず、結局は一度も使われることのないままに廃棄されているのではないでしょうか。

当然のことながら、これらの機能を付加するためには何らかのコストがかかっています。しかし、受け手側はその機能によるメリットを享受しておらず、そこに効用を認めていません。つまりコストだけが増加しているのに価値は増加していない、というよりむしろ、機能があまりにも増えたことで使い勝手が悪くなり、かえって効用は低減しているわけです。

こんなことをしていれば生産性が低下するのは当たり前のことのなのですが、「役に立つ」という機能軸での量的向上をひたすらに目指してやってきた日本企業の多くは、それ以外の軸での価値提供を考えることができず、相も変わらずに量的向上を目指して「生産性低下の王道」を驀《ばく》進しています。

同様のことが自動車についても言えます。今日、日本で販売されている自動車の多くは数百馬力のパワーを発揮するエンジンを搭載し、そのパワーを安全に用いるために、ありとあらゆるコンピューター制御プログラムが盛り込まれています。しかしそもそも、法定最高時速が100キロに限定され、街中ではせいぜい数十キロ程度しか出すことのない我が国の路上において、コンピューター制御プログラムを用いなければ制御できないほどのパワーが、なぜ必要なのでしょうか。当然のことながら、エンジンの出力を高め、それを制御するためのコンピュータープログラムを開発・実装することは大きなコスト増加要因になります。

しかし一方で、我が国の路上ではせいぜい数十キロ程度のスピードが出せれば十分なのですから、実質的な効用はほとんど向上していません。出力が上昇したことで操作ミスに対する許容度が低下していることを考えれば、むしろ効用は低下していると言うべきでしょう。[*49] ここでも同様に「無意味な量的向上による生産性低下」という問題が発生しています。

このような現象、つまり「量が増加すればするほど、増加一単位あたりの効用が小さくなっていく」ことを経済学では「限界効用逓減の法則」といいます。

「法則」ということはつまり、この現象は普遍的に観察される現象だということなのですが、私たちは相変わらず「量的な単一指標」を用いて、モノゴトの良し悪しを判断してしまう傾向があります。しかし、先述した通り、さまざまな領域でこれ以上の「量的な改善」がほとんど意味をなさない世界において、さまざまな物事のパフォーマンスを量的指標で測り管理しようとするオールドタイプは、限界効用逓減の法則が足かせとなり、価値を生み出せない状況に陥っています。

GDPという指標がクソ仕事を増やす

最近、さまざまなところで「成長経済か、定常経済か」という議論がなされています。これはこれで重要な論点だとは思うのですが、いささか懸念している点があります。それは、「成長が大事だ」と訴える側も、「定常へ移行せよ」と訴える側も、いずれにせよ「GDPという量的モノサシが議論の前提になっている」という点です。

両者は、一見すると真っ向から対立する意見を交わしているように見えますが、「あるべき社会の状況を規定するモノサシとして経済という一つの指標を当てる」という考え方において、まったく同じなのです。

しかし、量的な経済指標のみで社会のあるべき状況が規定できる時代はとっくのとうに終焉しています。つまり、本当に問わなければならないのは「成長か、定常か」という問題ではなく、「経済に代わる、あたらしい質的な指標は何か」という問題であるべきだということです。

この問題についてはすでにさまざまなところで議論が始まっていますが、あらためてここで指摘しておきたいと思います。今日の日本では「GDP」に代表されるような経済指標は、社会の健全性や厚生度合いを示す指標としてほとんど意味がありません。

このような状況で、ひたすらに経済指標だけを追い求めるのは典型的なオールドタイプの思考パラダイムと言えます。私たちは、経済という指標とは別に、社会の健全性や幸福の度合いを複眼的に計測し、管理するための指標を用いるべき時期に来ています。

よく知られている通り、そもそもGDPは100年ほど前のアメリカで、「大恐慌を食い止める」という目的のために、「問題の大きさ」を定量化することを目的にして開発された指標です。

当時のアメリカ大統領、ハーバート・フーバーには大恐慌をなんとかするという大任がありましたが、手元にある数字は株価や鉄などの産業材の価格、それに道路輸送量などの断片的な数字だけで政策立案の立脚点になるようなデータではありませんでした。

次々と企業が破綻し、ホームレスが日に日に街に増えている現状を目の前にすれば、明らかに「何かがおかしくなっている」ということだけはわかったものの、「国全体がどのような状況なのか、それは改善しているのか悪化しているのか」についてはまったく雲をつかむような状況だったのです。

議会はこの状況に対応するために1932年、サイモン・クズネッツというロシア人を雇い、「アメリカは、どれくらい多くのモノを作ることができるか」について調査を依頼します。

数年後にクズネッツが議会に提出した報告書には、現在の私たちがGDPと呼ぶようになる概念の基本形が提示されていました。

注意しなければならないのは、もともとクズネッツが依頼されたのは「どれだけのモノを作れるのか」という調査だったという点です。しかし、すでに指摘している通り、現代を生きている私たちにとってすでにモノは過剰な状況になっており、この指標の目盛りをさらに高めることの意味はほとんどなくなっています。

いやむしろ、この指標を高めようとすることによって、かえって「意味」を有さないクソ仕事が蔓延し、大量のゴミが生み出され、環境に大きな負荷をかけていることを考えれば、むしろ弊害の方が大きくなってきている、と言うべきでしょう。

ＧＤＰに代表される経済指標は今日、「豊かさ」や「健全性」を示す指標としてはもはや無意味になっています。現在の日本では、「モノ」から「意味」へと価値の源泉がシフトしています。このような社会において、相も変わらずに価値の大きさを「モノの量」だけで測ろうとするオールドタイプの思考様式を続けていても、「豊かで健全な社会」を築くことはできません。今、求められているのは、経済指標に代わるような新しい「質的指標」を並立させ、これをしなやかに使いこなすニュータイプなのです。

複数のモノサシを同時併用する日本的なデュアルスタンダード

さて、このように指摘すると、これは「ダメなシステムを別のシステムに切り替えよう」という「代替＝オルタナティブ」の思考ではないか、と思われるかもしれませんが、私が言っているのはそういうことではありません。

私がここで言いたいのは、ある単一のモノサシから別のモノサシへの転換ということではなく、むしろ「複数のモノサシを同時に当てる」という考え方です。オールドタイプが量的な単一のモノサシを当ててモノゴトの「良い・悪い」を判断できると考えるのに対して、ニュータイプは単一の指標でモノゴトの「良し悪し」を判断する単純さを拒否します。

つまり、複数のモノサシを当てながら、決定的なカタストロフィを避け、バランスの取れた成熟を目指すのがニュータイプだということです。

振り返って考えてみれば、そもそも、複数のスタンダードを同時に当てて絶妙なバランスを取る、というのは日本が得意としていることでした。

山本七平氏は、著書『「空気」の研究』において、自分が収容された捕虜収容所の中で、アメリカ人の兵士から進化論の講義をされたエピソードについて記述しています。アメリカ兵としては、現人神《あらひとがみ》である天皇を信じている無知蒙昧な日本人に対して、人間は神から生まれたのではなく、猿から進化したのだということを教えようとしたわけですが、山本七平をはじめとする日本兵が「そんなことは知っている」と言うと、アメリカ兵は非常に驚いて「それならなぜ天皇が現人神だというのか？」と聞き返してきたというのですね。

結局「それはそれ、これはこれ」というしかないわけですが、これは日本人が持つ「デュアルスタンダードの特徴」がよく表れたエピソードだと言えます。私たちにとってこんなにも当たり前の「それはそれ、これはこれ」という感覚が、アメリカ人にとっては驚くべき思考様式に思えたわけです。

このデュアルスタンダードという特徴がシステムとして表現されているのが私たちの言語です。私たちは４つの文字を日常的にチャンポンにして用いるという実に器用なことをやっている。日本はもともと無文字の文化でしたが、古墳時代頃、中国から大量の漢字や仏教経典などが入ってくるようになります。現在の私たちが、このような状況に直面すれば、おそらくは英語を学ぶのと同じように、中国語を学んで彼らとコミュニケーションを取ろうとするでしょう。

しかし、当時の日本人は中国語をそのまま取り入れることはせず、当時日本人が使っていた喋り言葉をそのまま残し、そこに漢字を当て字で当てはめていくという、実に器用な対応をしたわけです。

最終的には、漢字、ひらがな、カタカナ、アルファベットという4種類の文字を日常生活の中で適宜組み合わせて使いながら、しかも漢字については「音読み」と「訓読み」それ自体がすでにデュアルスタンダードになっているという、とんでもなく複雑なことを平気でやっているわけです。

世界には第一公用語と第二公用語というかたちで、2つ以上の言語を使いこなしている国はあります。これは2つのシステムが排他的に機能しているという点で、まさにダブルスタンダードなんですが、私たちのシステムはそうではない。1つの大きなシステムの中に、複数の出自のものが渾然一体となって溶け込んでいるわけで、だからデュアルスタンダードなのです。

さまざまなものを海外から取り入れながら、他の多くの国のように独立したシステムとしてそれを扱えなかったということはつまり、私たちにとってシングルスタンダードというのはもともと得意なことではなかったということです。

日本というのは「デュアルスタンダード」、つまり複数のモノサシを同時並行的に扱うことで、一つのモノサシだけを視野狭窄的に追求することで発生してしまうカタストロフィを巧みに回避するということをやってきた民族でした。

それを明治以降は捨ててしまい、もともとあまり得意ではなかったことをずっとやってきて現在のような閉塞状況に陥っている。この点について、私たちは再び考えてみる必要があると思います。

「意味」は量的指標では測れない

量的指標と質的指標によるデュアルスタンダードが必要だという指摘はまた、前章で指摘した「意味の市場での戦い」という論点とも関わってきます。

先述した通り、「役に立つ」市場では評価指標が収斂するため、いわゆるKPIを設定してそれを改善するという「量的指標のマネジメント」が有効に機能しました。しかし、このアプローチは「意味がある」市場では有効に機能しません。当たり前のことですが「ある人にとっての意味の大小」は数値化できないからです。

代表的な「意味の市場」であるファッションブランドを考えてみればすぐにわかります。コム・デ・ギャルソンを愛用している人にとってのコム・デ・ギャルソンの服が持つ意味と、イッセイミヤケを愛用する人にとってのイッセイミヤケの服が持つ意味は、それぞれにユニークで確定的に数値化することはできません。つまり「意味の市場」では顧客価値が数値化できないのです。

数値化できない以上、KPIを設定してマネジメントすることはできません。

このような市場において、かつては「役に立つ」市場でうまく機能したマネジメント手法を頑なに用いようとすれば、やがて意味から乖離した数値だけが独走して、肝心要の意味が置き去りにされて競争力を失うという状況に陥ることになります。

このような状況にあって、ひたすらに量的な指標を設定してそれを意思決定の立脚点に置こうとするのはオールドタイプの思考様式と言えます。

一方で、このような市場において、量的指標をデュアルスタンダードの一方に置きながらも、定量化できない質的な側面での価値判断も含めて総合的・直感的に判断していくのがニュータイプということになります。

まとめ

- 現在ではモノゴトのパフォーマンスを測るのに量的指標が用いられている。しかし、量的指標にはすべて「限界効用逓減の法則」が働くため、量的改善が進めば進むほど、感じられる効果は小さくなっていくことになる。
- 特に日本においては、GDPや寿命や家電製品の性能などといった「量的指標」については、すでにこれ以上改善することについて大きな意味を感じることができなくなってきている一方で、たとえば「幸福」や「生きがい」や「意味」といった「質的評価」への関心が強まっている。

●このような時代にあって、ひたすら数字で計量できる「量的指標」だけに頼り、モノゴトの良し悪しを判断して管理しようとするオールドタイプの思考様式は、モノゴトの改善という観点からも、関わる人々のモチベーションという観点からも、もはや有効に機能しなくなっている。

●日本人は、もともと単一の指標を当ててトップダウンで考えるということを苦手とし、むしろ複数の指標を同時に当てながら、それらの指標のバランスで「いい感じの落としどころ」をうまく探り当てていくことを得意としていた。

●今後は、量的指標だけでなく、同時に追求すべき質的な側面にも光を当て、両者をうまくバランスさせながら、量的・質的な発展を同時に目指すニュータイプの思考様式が求められる。

＊43　ウォルター・アイザックソン『スティーブ・ジョブズ1』P94より。

＊44　筆者のメッセージは「論理から直感へ」という「リプレースの提案」ではなく、「論理も直感も」という「デュアルスタンダードの提案」だったのだが、前者のメッセージとして捉えられていることが少なくない。

＊45　https://repository.kulib.kyoto-u.ac.jp/dspace/bitstream/2433/182066/1/bussei_el_031205.pdf

＊46　村上陽一郎（１９３６年9月9日〜）。日本の科学史家・科学哲学者、東京大学・国際基督教大学名誉教授、豊田工業大学次世代文明センター長。

＊47　https://www.nytimes.com/2018/06/01/technology/google-pentagon-project-maven.html

＊48　１９６８年3月18日にカンザス大学で行ったスピーチより抜粋。訳は筆者による。 https://en.wikipedia.org/wiki/Robert_F._Kennedy%27s_remarks_at_the_University_of_Kansas

＊49　最近、高齢者の操作ミスによる交通事故が後を絶たない。多くはアクセルとブレーキの踏み間違いによって発生しているが、そもそも「踏み間違えただけ」で1トンを軽く超える質量の物体を容易に突進させられる、という操縦システムに大きな問題があると筆者は以前から考えている。増速・減速の制御は航空機でも船舶でもシンプルな一系統制御である。一方で、最も多くの人々が取り扱う自動車は、なぜかアクセルとブレーキという複雑な二系統を、しかも不器用な足で制御するシステムとなっており、これが改められる気配がない。加えて安全装置の問題も指摘したい。銃は言うまでもなく危険だが、暴発を防ぐための安全装置が必ず備わっている。銃とほぼ同等のエネルギーを自在に解放できる自動車にはなぜか安全装置がなく、文字通り「一瞬の踏み間違い」で数万ニュートンのエネルギーを雑踏の中で解放できてしまう。どのみち最高時速１００キロでしか走れない日本において、ひたすらにパワーを向上させるくらいなら、むしろ「絶対に暴走できない」といった安全制御プログラムを盛り込む方が重要なように筆者には思えるが、そのような提案が自動車会社からなされる気配は残念ながら今のところまったくない。金にならない、ということなのだろう。

THE RISE OF
NEWTYPE

第5章 ニュータイプのワークスタイル

〉ローモビリティから
ハイモビリティへ

モビリティ

オールドタイプ▼一つの組織に所属し、留まる
ニュータイプ▼組織間を越境して起動する

12 複数の組織と横断的に関わる

私が本当に心の底から言いたいのは、仕事そのものは立派なものだという信念が、多くの害悪をこの世にもたらしているということと、幸福と繁栄に至る道は、組織的に仕事を減らしていく先にあるということである。*50

――バートランド・ラッセル*51

なぜ企業はなくならないのか？――社会主義が唯一生き残る場所

ソ連の崩壊とそれに続く東欧社会主義諸国の瓦解によって、社会主義は死滅した、と一般には考えられています。

しかし、日本やアメリカなどのいわゆる「西側先進諸国」において、死滅したと考えられている社会主義が唯一生き残り、巨大な影響を私たちに与えている場所がある、と指摘すれば驚かれ

るでしょうか。しかし事実です。どこかわかりますか？

企業です。

1937年に書かれた画期的な経済論文「企業の本質」において、作者のロナルド・コースは極めて本質的な問いを発しています。その問いとはすなわち、市場がそれほどまでに素晴らしいものであるならば、なぜ、これほどまでに多くの経済活動が、市場ではなく、企業組織の中で、それも社会主義国家のような統制と管理によって取引されているのか、というものです。

市場が社会における適切なリソースの配分を実現してくれるのであれば、誰もがフリーエージェントとして働き、必要に応じてプロジェクトを組んで協働し、プロジェクトの終了後は解散するというやり方こそ最も効率的なはずなのに、なぜ多くの人は大規模で官僚的な組織に所属し、その中で経済活動を行っているのだろうか、という疑問です。

確かに、現在では多くの働き手は企業組織に所属しており、フリーエージェントとして働く人は少数派です。コースの言葉を借りれば、もし市場シェアがなんらかの仕組みの成功度を測る指標となるのであれば、労働市場そのものが失敗しているではないか、ということになります。

もちろん、商法などの法律が整備されておらず、契約の履行が保証されないような社会であれば、労働市場がうまく機能せず、多くの人が官僚的な組織に所属して働くことになったとしてもおかしくはありません。

しかし、日本をはじめとして、多くの先進国では20世紀の半ばには法的な整備が進んでおり、このような要因が理由だと考えることはできません。

コースによるこの問いへの回答は、費用最小化の問題ということになります。当然のことながら、健全に機能している市場では、高コストの組織は競争で敗北することになります。

したがって、市場で生き残った「労働形態」である大きくて官僚的な企業組織は、コスト面から有利だったために自然淘汰されずに生き残った、というのがコースの考え方です。しかし、本来であれば市場は他のどんなシステムよりも効率的なはずです。

なぜ、自由な労働市場が、官僚的な大企業に効率面で劣るのでしょうか。コースによれば、市場にはいくつかの領域で非効率な点があります。

検索費用 市場で適切な価格水準を探り、取引相手を探す費用と時間
交渉費用 取引相手と交渉し、合意に至るまでの費用と時間
契約費用 取引相手との合意内容を確認し、有効な契約にするための費用と時間
監視費用 取引相手が契約を履行するかどうか、監視するための費用と時間

さて、コースが指摘した「労働市場の持つ非効率性」についての指摘を読んでみて、何か感じることはないでしょうか？　そう、これらはすべて「情報」に関わる問題であり、現在急速に普及しているデジタル技術と極めて相性の良い問題だということです。

経済活動に必然的に伴う取引に関する費用の合計を市場より小さくできたからこそ、企業は市場より優位に立つことができたわけですが、一連のデジタル技術はその関係を逆転させ、企業組織に対する労働市場の優位性を押し上げる可能性があります。

「寡占化」と「分散化」の二極化が同時に進む

このような主張に対して違和感を覚える方もいるかもしれません。というのも、各種の統計が報じるところでは、企業による寡占化の度合いはむしろ高まっており、いわゆる「大企業」の存在感は、むしろ強くなっているからです。

たとえば経済誌「エコノミスト」がアメリカのさまざまな産業から893社を調査したところ、上位4社のシェア（売上高ベース）の加重平均は、1997年の26％から、2012年の32％と増加しています。[*52]

あるいは身近な例として、日本の携帯電話端末の販売シェアについては、2000年〜2005年にかけては概ね50％前後であった上位4社の合計シェアは、2018年の時点で80％前後まで上昇しており、明確な寡占化の傾向が見られます。

時間軸をさらに広げれば、同様の傾向は自動車、家電、金融、通信、流通などの業界でも観察されることから、「市場に対する企業の優位性」が低下しているという主張とは齟齬をきたします。

確かに、大企業による寡占化の進行という現象と、一つの企業組織に依存せず、複数の組織に関わりながら活躍する個人の台頭という筆者の指摘は、矛盾するように感じられるかもしれません。しかし、そんなことはありません。大企業による寡占化と企業に依存しない個人の台頭というトレンドは、現在進行している二極化の双極と考えるべき現象です。

その証拠に、各種の統計は、企業に所属せずに働く人、いわゆるフリーエージェントが増加傾向にあることを示しています。たとえば、厚生労働省が発表しているフリーランス白書によれば、現在日本には1000万人あまりのフリーエージェントが存在し、その数は増加傾向にあることが報告されています。またアメリカはさらに進んでおり、現在5000万人あまりのフリーエージェントがおり、近い将来総労働力の半数がフリーエージェントになるだろうという予測もあります。[*53]

つまり、大企業による寡占化というトレンドと、フリーエージェントに代表されるスモールプレイヤーの台頭というトレンドは、同時に起きていると考えるべきだということです。

すでに本書では「役に立つ」の市場では上位による寡占が進む一方で、「意味がある」の市場ではグローバルニッチによる多様化が進むという指摘をしましたが、この現象もまた同様の二極化の表れであると考えることができます。

さらに指摘すれば、そもそも「大企業による寡占化」というトレンドと、フリーエージェントという働き方の増加は矛盾していません。たとえばアップル、グーグル、アマゾンなどの「支配的企業」が提供するプラットフォームによって、組織に所属しないフリーエージェントがなんらかのビジネスを成立させることができるようになったのであれば、これは巨大企業による寡占化とフリーエージェントの勃興が同時に起こったことになります。

たとえば本書執筆の2019年現在、ユーチューバーは小学生が憧れる職業の上位ランキングの定番となりつつありますが、この職業もまたYouTubeという巨大プラットフォームゆえに成り立っているという側面があります。

つまり、最終的に問題になるのはむしろ、そのどちらでもない「中途半端に大きい」というポジションにある組織や個人でしょう。

ハルマゲドンでさらに深くなる「V字の谷」

この問題を考えるにあたって、いわゆる「利益率と規模のV字の谷」を取り上げてみましょう。縦軸に利益率、横軸に売上高をとって企業をプロットすると、多くの業界において、V字の谷が現れることは、もともとよく知られています。

さて、このV字の谷という現象に、メガトレンドがどのように働くかを考えてみましょう。もともと規模が大きくスケールメリットで戦っていた会社は、グローバル化の影響を受け、規模の大きい企業同士による最終戦争＝ハルマゲドンを戦い、ごく少数の勝者と大量の敗残者に分かれることになります。

スケールで戦うということは地理的な拡大を必然的に求めることになるので、この戦いから逃れることはできません。スケールで戦う企業にとってグローバル競争のハルマゲドンは避けられない宿命の戦いということになります。必然的な結果として、中途半端なスケールの企業は、この戦いの波にのみ込まれて消えていくことになります。

一方のスモールプレイヤーはどうでしょうか？　スモールプレイヤーについては、すでに考察した通り、スケール面でのデメリットが今後ますます小さくなることで、より広い範囲で深く共感できる顧客を見つけることができるようになるため、ますますフォーカスを絞って切っ先を尖らせながら、より広範囲の顧客を見つけることができるようになります。

この変化のプロセスで、強い共感を獲得できない「切っ先の甘い」中途半端なプレイヤーは、やはり同様に消えていくことになります。

つまり、さまざまな業界においてもとより指摘されていたV字の谷は、グローバル化やテクノロジープラットフォームの進化によって、より深いV字へと変化していくことになると考えられます。

この現象を片側から見れば、スケールプレイヤーがますますスケールを巨大化することになるため、一面的には「寡占化の進行」と解釈されることになります。これが先述した、さまざまな業界で起きている上位寡占の理由です。その一方で、ニッチプレイヤーはますます先鋭化して多様化していくことになり、市場は「巨大組織」と「フリーエージェントを中心としたプロジェクト的な組織」の二極によって形成されることになります。

キャリアの「バーベル戦略」

これらの二極のうち、私たちはどちらを選択するべきなのでしょうか。正解は「どちらも」ということになります。

これは『ブラックスワン』や『反脆弱性』といった世界的ベストセラーの著者、ナシーム・タレブが命名するところの「バーベル戦略」です。バーベル戦略とは、極端にリスクの異なる2つの職業を同時に持つ、という戦略のことで、タレブ自身はこの戦略を「90%会計士、10%ロックスターという生き方」というたとえで説明しています。

え、よくわからない?

簡単にいえばアップサイドとダウンサイドでリスクに非対称性のある仕事を組み合わせるという考え方です。

たとえばロックミュージシャンとして活動するのに別に大きな投資は必要ありません。せいぜい自費でアルバムを出すくらいで、これが別に売れなかったからといって、失われるのはアルバム制作費くらいしかありません。つまりダウンサイドのリスクは非常に小さい。

一方で、なんらかのきっかけでアルバムが売れれば莫大な額の報酬と名声が得られることになります。つまりアップサイドのリスクは非常に大きい。これが「アップサイドとダウンサイドでリスクの非対称性がある」ということです。ある程度安定した職業を片方で持ちながら、どこかで大化けするアップサイドのリスクを人生に盛り込んでおく、というのがタレブのいうバーベル戦略だということです。

ええ？　そんな生き方がありうるの？　と思うかもしれませんが、別に珍しい話ではありません。類いまれな業績を残した人のキャリアを振り返ってみれば、バーベル戦略の末に大成功した人はそれこそいくらでも見つけることができます。

アインシュタインは「バーベル戦略」の実践者

典型例がアインシュタインです。あらためて言うまでもない20世紀最高の物理学者ですが、アインシュタインがノーベル賞を受賞するきっかけとなった「光量子仮説」の論文は、アインシュタインがベルンの特許庁で審査官の仕事を務めながら、余暇の時間を利用して書かれたものです。

つまり、アインシュタインは特許庁の役人というリスクの極めて小さな仕事をしながら科学論文を書き、その論文でノーベル賞を取ったわけです。論文を書くことのダウンサイドのリスクはほとんどありません。たとえ失敗したとしても失われるのは時間とレポート用紙代くらいのものでしょう。

しかしアップサイドは無限です。この論文がきっかけとなってアインシュタインは世界的な名声を獲得したわけですから、これは典型的なバーベル戦略の成功例と言えます。

本書の1章において世界はますますＶＵＣＡ、つまり曖昧で不確実で予測できなくなっていることを指摘しました。通常、不確実性というのはネガティブなものとして忌避されがちですが、不確実性にはダウンサイドのリスクだけでなく、アップサイドのリスクもあるということを忘れてはなりません。

つまり、人生から不確実性を追い出してしまうということは、自分の人生が、いわば「大化け」する可能性も排除してしまうということを意味します。

一方で、一つの仕事だけをやっていれば、その仕事にダウンサイドの波がやってきた際、生活は破綻してしまうことになります。ということで、結論は「リスクのタイプが異なる複数の仕事を持つ」というのが正しい戦略だということになります。

これはなにも、目新しい考え方ではなく、企業戦略の領域では「ポートフォリオ」という考え方で以前から知られていたものです。確認すれば、企業のポートフォリオでは、安定的にキャッシュを生み出す「今日の事業」を営みながら、将来的に大化けするかもしれない複数の「明日の事業」へと着手することが求められます。

言われてみれば当たり前のことですが、これと同じことを個人のキャリアにも当てはめるということですね。

すでにメガトレンドの項目で説明した通り、寿命が100年に届こうかという一方で、企業の寿命はどんどん短くなっています。加えて指摘すれば、事業のライフサイクルカーブもこれまでのように「なだらかに終局を迎える」というより、まるで突然死のように唐突に終わることが増えています。

このような時代にあって、今までのように「一意専心」とか「一所懸命」という価値観で職業選びをするのはオールドタイプの行動様式であり、極めてリスクが大きいと言わざるを得ません。

このような時代にあってニュータイプは、リスクの異なるタイプの仕事のポートフォリオを組み、さまざまな組織と越境的に関わりながら、安定性とアップサイドのリスクを両立させるのです。

まとめ

- 経済学者のロナルド・コースは、なぜ経済活動のほとんどが市場による取引ではなく、官僚的な大企業による管理と統制のもとになされているのかを研究し、市場よりも、企業内の方が情報流通のコストが低く、より効率的に経済活動の調整ができるからだ、と結論づけた。

●今日、コースが指摘した情報流通のコストは急速に低価格化が進んでおり、労働市場で企業に所属せずに働くことのデメリットは相対的に小さくなってきている。このような世界にあって、従来通り「オーガニゼーションマン」として組織に所属する生き方は、リスクばかりが大きく、リターンの小さいものになりつつある。

●今後の世界は、大企業による市場の寡占化と、個人に代表される小規模組織の多様化・乱立という二極化が進むと考えられる。このとき、どちらの立場で仕事をするかが大きなオプションとなるが、最もリスクが低いのは「両方の立場にポジションを持って働く」というバーベル戦略になる。

努力と成果

オールドタイプ▼今いる場所で踏ん張って努力する
ニュータイプ▼勝てる場所にポジショニングする

13 自分の価値が高まるレイヤーで努力する

〈インタビュアー〉成功するアーティストの秘訣はなんですか？

〈アンディ・ウォーホル[*54]〉しかるべき時に、しかるべき場所にいる、ということだろうね。

「努力すれば夢は叶う」という価値観の危険性

日の当たらない場所であっても、地道に誠実に努力すれば、いつかきっと報われる、という考え方をする人が少なくありません。つまり「世界は公正であるべきだし、実際にそうだ」と考える人です。このような世界観を、社会心理学では「公正世界仮説」と呼びます。公正世界仮説を初めて提唱したのは、正義感の研究で先駆的な業績を挙げたメルビン・ラーナーでした。

ラーナーによれば、公正世界仮説の持ち主は、「世の中というのは、頑張っている人は報われるし、そうでない人は罰せられる」と考えます。もちろん、このような世界観を持つことで努力が喚起されるというのであれば、それはそれで喜ばしい面があることは否定しませんが、頑なに持つことは、むしろ弊害の方が大きいと言えます。

注意しなければならないのは、公正世界仮説に囚われた人が垂れ流している「努力すれば必ず夢は叶う、もし夢が叶わないのだとすれば、それは努力が足りないからだ」というような極端な主張、まるで「努力原理主義」とでも言うしかないような主張です。

確かに、モノを生み出すことがそのまま価値の創出に直結するような時代であれば、努力を積み重ねることでパフォーマンスを高めることができたかもしれません。しかし、これまで本書において再三にわたって指摘してきた通り、現在の世界では「モノ」が過剰化し、そもそもの「価値」の定義からして難しくなっています。

このような時代にあって「努力すれば夢は叶う」という価値観に固陋《ころう》に執着するオールドタイプの思考様式は極めてリスクの高いものになりつつあります。

「1万時間の法則」のお粗末さ

「努力は報われる」という主張を無邪気に振り回している人たちが主張の根拠としてよく持ち出してくるのが、いわゆる「1万時間の法則」です。

「1万時間の法則」とは、アメリカの著述家であるマルコム・グラッドウェルが、著書『天才! 成功する人々の法則』の中で提唱した法則で、骨子をまとめれば次のようになります。

・大きな成功を収めた音楽家やスポーツ選手はみんな1万時間という気の遠くなるような時間をトレーニングに費やしている
・1万時間よりも短い時間で世界レベルに達した人はいないし、1万時間をトレーニングに費やして世界レベルになれなかった人もいない

つまり「1万時間の練習を積み重ねれば、あなたは一流になれますよ」ということを言っているわけですが、では何を根拠にそのような大胆な主張をしているかというと、グラッドウェルは次の3つをその根拠にしています。

・一流のバイオリニストは皆、子供時代に1万時間を練習に費やしている
・ビル・ゲイツは学生時代に1万時間をプログラミングに費やしている
・ビートルズはデビュー前に1万時間をステージでの演奏に費やしている

形式論理学を多少ともかじったことのある人であれば、ここまで読んだ時点で、上記の事実か

らグラッドウェルの導いた「1万時間の練習を積み重ねれば一流になれる」という命題が導けないことにすぐに気づいたでしょう。

これはグラッドウェルに限ったことではなく、「才能より努力だ」と主張する多くの本に共通しているミスです。たとえばデイビッド・シェンクによる『天才を考察する』では、「生まれついての天才」の代表格であるウォルフガング・モーツァルトが、実際は幼少期から集中的なトレーニングを積み重ねていた、という事実を論拠として挙げて、やはり「才能より努力だ」と結んでいるのですが、これはよくある論理展開の初歩的なミスで、実はまったく命題の証明になっていません。

まず、真の命題は次のようになります。

命題1　天才モーツァルトも努力していた

この命題に対して、逆の命題、つまり、

命題2　努力すればモーツァルトのような天才になれる

を真としてしまうのは、子供がよくやる「逆の命題」のミスです。正しくは、

命題1　天才モーツァルトも努力していた

という真の命題によって導かれるのは、対偶となる命題、つまり、

命題3　努力なしにはモーツァルトのような天才にはなれない

であって、「努力すればモーツァルトのような天才になれる」という命題ではありません。

では努力は「まったく意味がない」かというと、もちろんそういうわけではありません。

たとえば、プリンストン大学のマクナマラ准教授他のグループは「自覚的訓練」に関する88件の研究についてメタ分析を行い、「練習が技量に与える影響の大きさはスキルの分野によって異なり、スキル習得のために必要な時間は決まっていない」という、極めて真っ当な結論を出しています。[*55]

興味深いのは同論文がまとめた、各分野についての「練習量の多少によってパフォーマンスの差を説明できる度合い」です。

・テレビゲーム……26%

・楽器……21％
・スポーツ……18％
・教育……4％
・知的専門職……1％以下

グラッドウェルはバイオリニストに関する研究から「1万時間の法則」を導き出したわけですが、この結果をみれば、確かに楽器演奏は相対的に、練習量がパフォーマンスに与える影響の大きい分野であることがわかります。

しかし、私たちの多くが関わることになる知的専門職はどうかというと、努力の量とパフォーマンスにはほとんど関係がないということが示唆されています。

この数字を見ればグラッドウェルの主張する「1万時間の法則」が、いかに人をミスリードするタチの悪い主張かということがよくわかります。

「努力は報われる」という主張には一種の世界観が反映されていて確かに美しく響きます。しかしそれは願望でしかなく、現実の世界はそうではないということを直視しなければ、「自分の人生」を有意義に豊かに生きることは難しいでしょう。

「努力のレイヤー」を変えない限り、人一倍努力しても無意味

「努力」に意味がないのではなく、ポイントなのは「努力のレイヤーを上げる」ということです。

努力には階層性があります。たとえばある職場で人一倍努力しているのになかなか成果が出ないというとき、もしかしたらそれは努力不足なのではなく、そもそも「場所が悪い」、つまりその仕事が求める資質と本人の資質がフィットしていない可能性があります。

このとき、そのままひたすらに頑張るという「レイヤー1の努力」を続けることもできますし、「向いていない」という事実にしっかりと向き合い、自分にはどのような仕事が向いているかと考え、さまざまな情報を集めて次の仕事を見つけるという「レイヤー2の努力」を始めることもできます。

職場の人から見れば「レイヤー2の努力」をしている人は「逃げた」ように見えるかもしれませんが、そんなことはありません。むしろ、あてがわれた場所を無批判に受け入れ、ひたすらにわかりやすい努力を続けるレイヤー1の行動様式こそ「安易な努力に逃げた」ということもできるでしょう。

レイヤーの異なる2つの努力のうち、今後、より求められることになるのはレイヤー2の努力でしょう。すでに1章のメガトレンドで述べた通り、現在、私たちのキャリアは中長期的な伸長

傾向にある一方で、世界の変化は目まぐるしく、自分と仕事との関係性はかつてより短期間で変わっていくことになります。

このとき、レイヤー1の努力だけに依存して状況を打開しようとするオールドタイプの行動様式を続けていれば、どうやっても成果の出ない場所で不毛な努力をし続けるということになりかねません。このような世界にあっては、柔軟に機動しながら、常に自分の価値が相対的に高まるポジションにい続けるというニュータイプの行動様式が求められます。

ポジショニングを変えてノーベル賞を取った山中伸弥

ポジショニングを変えることで、自分の価値が最も高まる場所にポジショニングするというニュータイプのワーキングスタイルを実践し、大きな成果に結びつけたのがノーベル賞を受賞した山中伸弥氏のキャリアです。

山中氏は、スポーツ整形外科医を夢見て1987年から整形外科研修医として勤務するものの、手術のあまりの下手さに「向いていない」と感じて、2年後には基礎医学を学ぶため薬理学研究科に入学しています。

しかし、伝統的な薬理学にも強いフラストレーションを抱いて、ここでも挫折してしまうのですが、研究の最中にノックアウト・マウス（遺伝子の機能を推定するために、特定の遺伝子を不活性化させたマウス）に出会って衝撃を受け、ここに新しいブレークスルーへの道があることを直感します。

その後、博士号を取得し、アメリカのグラッドストーン研究所でゼロから分子生物学を勉強し、どんな細胞にも変化するES細胞に強い興味を持ちます。帰国後は、大阪市立大学医学部助手になってES細胞の研究をゼロから始めます。

研究の内容は「受精卵から取り出して培養した生きた胚からではなく、皮膚などの体細胞からES細胞と同じような細胞を作る」という、まだ誰もやったことのないチャレンジでした。できるかどうかはわからない。しかし、もしできれば、受精卵を使うという倫理的問題と免疫拒絶問題の両方をクリアできる。

できなければ、科学者をあっさりあきらめて町医者をやる、というのが助教授に就任したときの覚悟だったそうです。この研究がやがてiPS細胞の発見へとつながり、山中氏にノーベル賞をもたらしたのです。

山中氏のキャリアは、私たちにさまざまな示唆を与えてくれます。

山中氏が最初に目指したキャリアはスポーツ整形外科医でした。ですが、これは自分に向いていないと考えて、2年後にはキャリアを転向しています。結構短いな、というのが多くの人の印象ではないでしょうか。

しかし医師としてどの領域で生きていくか、まさにどこにポジショニングするかを選べる期間はそう長くはありません。そのように考えてみれば「2年で見切る」というのも一つの勇気だと考えるべきなのかもしれません。

そしてその後、薬理学の世界に身を転じた山中氏は、ここでも挫折してしまいますが、このとき、後の研究につながる大きなヒントを得ています。挫折して逃げる。ただし逃げるときにタダでは逃げない。そこから盗めるものはできるだけ盗んで、次のフィールドで活かす。そのようにしてフィールドを越境しているからこそ、知識や経験の多様性が増加し、それがやがてユニークな知的成果の創出につながったわけです。

山中氏のキャリアは、一般に日本では忌避されがちなニュータイプの行動様式、つまり「一所懸命に頑張らず、次々にポジショニングを試すことで、最も自分が輝ける場所を探す」という行動様式がもたらす大きな成果を示しています。

まとめ

- 努力は報われるという命題はミスリーディングであり、実際には個人の適性や置かれた場所、努力という投資によって得られるリターンには大きな差がある。
- 無闇やたらに努力をしても報いが得られるわけではない。大事なのは努力の方向と自分の適性が合っているという点と、その努力が技量の向上に結びつく正しいやり方の努力になっているという点であり、これらの2点が満たされていない限り、その努力は「徒労」に終わる可能性が高い。

●よく言われる「1万時間の法則＝どんな領域のものであれ、1万時間の訓練をすれば世界的な水準になれる」は間違いではないものの、どのような分野であっても成り立つ普遍的なものではなく、訓練の量と技量の向上はスキルの分野によって異なることが研究の結果からはわかっている。

●成長の肥料となるのは「体験の質」と「仕事の環境」であることがわかっている。「体験の質」と「仕事の環境」を改善するためには、自分とフィットした「場」を得るためにポジショニングを図る必要がある。闇雲に努力をするオールドタイプが同じ場所に留まるのに対して、ニュータイプは自分の場所＝ポジショニングを変えることで自分の成長を加速させる。

モチベーション

オールドタイプ▼命令に駆動されて働く
ニュータイプ▼好奇心に駆動されて働く

14 内発的動機とフィットする「場」に身を置く

仕事が楽しみなら、人生は極楽だ！
仕事が義務なら、人生は地獄だ！

——ゴーリキイ『どん底』

なぜ大企業のネットビジネスは失敗するのか？

検索エンジンやEコマース、動画共有サイトなど、今現在ネット上で多くの人々が利用しているサービスのほとんどが30年前には存在しなかった新興企業によって提供されています。

この状況を多くの人が当たり前だと思って受け入れていますが、これは考えてみれば不思議なことではないでしょうか？　なぜ、当時の大企業は莫大な富を生み出すことになるこういったビジネスの主要プレイヤーになれなかったのでしょう？

身もふたもない言い方ですが、結局のところそれは「能力がなかったから」ということになるのでしょう。多くの人がすでに忘れてしまっていますが、当時の大企業は検索エンジンも電子商取引の事業にも挑戦し、そして敗れていったのです。

たとえば、ＩＢＭは１９９６年に鳴り物入りでWorld Avenueなる電子商店街サービスを開始しましたが、莫大な損失を出して１９９７年に撤退しています。

１９９０年代の後半、なかなか黒字化しなかったアマゾンの将来に対して、多くの評論家が極めて悲観的だったのは、このＩＢＭの失敗事例に基づいてのものでした。それはつまり「あのＩＢＭですら失敗しているのに、資金も人材もテクノロジーも劣っている彼らがうまくいくわけがないよ」ということです。しかし今日、我々は大企業によるネットビジネスのほとんどが失敗に終わっていることを知っています。

他にも、たとえば日本で最初に検索エンジンのサービスを開始したのはヤフーでもライコスでもなく、ＮＴＴでした。ＮＴＴは１９９５年に「NTT Directory」と名付けたロボット型の検索サービスを開始しています。

ヤフージャパンのサービス開始が１９９６年ですから、時期的にはそれに先んじていたわけですが、企業価値を数万倍に高めたヤフージャパンとは対照的に、このサービスが大きな商業的価値を生み出すことはありませんでした。

また、これは単一企業による取り組みではありませんが、経済産業省は２００７年に「情報大航海プロジェクト・コンソーシアム」と銘打ち、グーグルを凌ぐ国産の検索エンジンを作るという壮大な計画をブチ上げました。

50社ほどの民間企業を巻き込み、300億円の国家予算を投入して3年以内にグローバルスタンダードに匹敵する検索エンジンを開発するという壮大な計画でしたが、下馬評通りと言うべきか、残念ながら150億円ほどのお金を投じた3年目の段階で中止となりました。

エリートがアントレプレナーに敗れる理由

イノベーションの歴史を振り返ると、この「命令を受けたエリート」VS「好奇心に突き動かされた起業家」という戦いの構図がたびたび現れます。そして、多くの場合、本来であればより人的資源、物的資源、経済的資源に恵まれていたはずの前者が敗れています。

これはなぜなのでしょうか？　もちろんさまざまな要因が作用しています。筆者が所属するコーン・フェリーのこれまでの研究から、一つ確実に指摘できると考えられるのは、「モチベーションが違う」ということです。

モチベーションの問題を考えるにあたって、非常に象徴的な示唆を与えてくれるのがアムンセンとスコットによって競われた南極点到達レースです。

20世紀の初頭において、どの国が極点に一番乗りするかは領土拡張を志向する多くの帝国主義国家にとって非常な関心事でした。そのような時代において、ノルウェイの探検家、ロアール・アムンセンは、幼少時より極点への一番乗りを夢見て、人生のすべての活動をその夢の実現のためにプログラムしていました。

たとえば、次のようなエピソードを読めばその徹底ぶりがうかがえるでしょう。自分の周りにいたらほとんど狂人です。

・子供の頃、極点での寒さに耐えられる体に鍛えようと、寒い冬に部屋の窓を全開にして薄着で寝ていた

・過去の探検の事例分析を行い、船長と探検隊長の不和が最大の失敗要因であると把握。同一人物が船長と隊長を兼ねれば失敗の最大要因を回避できると考え、探検家になる前にわざわざ船長の資格をとった

・犬ゾリ、スキー、キャンプなどの「極地で付帯的に必要になる技術や知識」についても、子供のときから積極的に「実地」での経験をつみ、学習していった

一方、このレースをアムンセンと争うことになるイギリスのロバート・スコットは、軍人エリートの家系に生まれたイギリス海軍の少佐であり、自分もまた軍隊で出世することを夢見ていました。

図14 南極大陸を移動するアムンセン隊

©Nasjonalbiblioteket

当然ながらスコットには、アムンセンが抱いていたような極点に対する憧れはありません。彼はいわば、帝国主義にとって最後に残された大陸である南極への尖兵として、軍から命令を受けて南極へ赴いたに過ぎないのです。したがって、極地での過去の探検隊の経験や、求められる訓練、知識についてもまったくの素人といっていいものでした。

さてこのレースの結果は、皆さんもご存知の通り、「圧倒的大差」でアムンセンの勝利に終わります。アムンセン隊は、犬ゾリを使って1日に50キロを進むような猛スピードであっという間に極点に到達し、スムーズに帰還しています。

当然ながら一人の犠牲者を出すこともなく、隊員の健康状態はすこぶる良好でした。

一方のスコット隊はしかし、主力移動手段として期待して用意した動力ソリ、馬がまったく役に立たず、最終的には犬を乗せた重さ240キロのソリを人が引いて歩く、という意味不明な状況に陥り、ついに食料も燃料も尽きて全滅してしまいます。

一体何がマズかったのか。スコットの敗因についてはさまざまな分析が行われていますが、ここで筆者が取り上げて考察したいと思うのは、「探検そのものの準備と実行の巧拙」ではなく、もっと根源的な「人選の問題」という論点です。

先述した通り、このレースは軍人エリートの家系に生まれ、自らもそうありたいと願うスコットと、幼少時より極地探検への憧れを抱き続け、人生そのものを一流の極地探検家になるためにプログラムしたアムンセンのあいだで争われ、そしてアムンセンの圧倒的な勝利に終わりました。ここで着目したいのが、この2人を駆り立てていた「モチベーション」です。

同じ「南極点到達」という目標に向かって活動しながら、彼ら2人は大きく異なるモチベーションに駆動されていました。スコットのモチベーションは、おそらく海軍から与えられたミッションを完遂し、高い評価を得て出世するという点にあったでしょう。

一方で、アムンセンのモチベーションは、おそらく南極点に最初に到達し、探検家として名を成したい、というただそれだけのものだったでしょう。

つまり、スコットが「上司から与えられた命令を完遂して評価されたい」という承認欲求に突き動かされていたのに対して、アムンセンは極めて内発的なモチベーションによって突き動かされていた、ということです。

この「上司からの命令で動くエリート」と「内発的動機に駆動されるアマチュア」という構図は、インターネット黎明期の頃から、たびたび見られた戦いの構図であり、多くの場合は「内発的動機に駆動されるアマチュア」に「上司からの命令で動くエリート」が完敗するという結果になっています。

なぜ好奇心が課題意識に勝つのか

インターネット黎明期から続いてきた一連の「大企業の専門家VSアマチュアのアントレプレナー」という戦いの構図、あるいはアムンセンとスコットによる南極点到達レースの物語を虚心坦懐に読み解けば、そこからわかるのは「内発的モチベーションを持った人が、上司の命令で動く人と戦えば、前者が勝つ公算が強い」ということです。

企業が保有する経営資源の中で、可変性が最も高いのが「人」という資源だという指摘はすでにしました。つまり、ここに同じ潜在能力を持った2人がいたとして、内発的動機で駆動されているニュータイプと、上司からの命令で駆動しているオールドタイプとを比較すれば、前者が後者よりも高いパフォーマンスを発揮する公算が強い、ということです。

本書ではすでに、人の能力を変えさせる「意味の重要性」について考察していますが、内発的モチベーションを持っているニュータイプというのは、自分で仕事の「意味」を形成することができる人材だということになります。

さて、この示唆は私たちにどのような行動を促すことになるのでしょうか？　マネジメントの立場と個人の立場の2つの視点から考察してみましょう。

まず、マネジメントの立場からすれば、これまでの実績や従順さに応じて、ポジションを与えるということが危険だという示唆が得られます。一般に、企業における大型のイノベーションプロジェクトでは、それまで高い実績を挙げてきたエースが投入されるケースが多いでしょう。しかし、こういった「高い業績を継続的に挙げてきたエース」が、必ずしも内発的動機に駆動されているとは限りません。現在、企業における人材配置は、職務の重要性と発揮能力をリニアな関係に捉えて、より重要性の高い任務に、より高い能力を有する人材を当てる、という単純な考え方が主流になっています。

しかし、マクレランドおよびコーン・フェリーのこれまでの研究結果は、任務と能力の関係はそのように単純なものではなく、能力の背後にある「動機」が大きく職務のパフォーマンスに影響を与えること、動機のプロファイルによって、活躍できる仕事の種類は変わるということを示しています。

次に、個人の立場に対する要請について考えてみれば、ニュータイプが内発的動機によって駆動できるような場に身を置くことに腐心する一方で、オールドタイプは上司から与えられた命令を実直にこなすことに腐心します。

しかし、結果はすでに確認した通り、内発的モチベーションに駆動されているニュータイプと、上司からの指示命令にしたがって駆動しているオールドタイプが戦えば、必ずオールドタイプが敗れることになります。

結果をすでに知っている人に対して、アムンセンとスコットの立場を比較して、「どちらかを選べ」と言えば、スコットの立場を選ぶ人はいないでしょう。前者が元から大好きだった探検を心底楽しみながら遂行し、無事に生還して探検家としての盛名を得たのに対して、後者はまったく興味のなかった探検を上司の命令だからということで仕方なく受け入れ、拷問のような苦労を積み重ねた末に、部下全員と自分の生命まで失っているのです。

探検隊の最後の一人となったスコットの日記には「残念だがこれ以上書くことができない」と記され絶筆となっています……何ともはや。

しかし、では今日、どれだけの人が自分の内発的動機とフィットする「場」に身を置けているかとあらためて考えてみれば、多くの人はスコットと同じように「上司の命令だから」ということで、モチベーションの湧かない仕事に身をやつしながら、内発的動機に駆動されて自由自在に高いモビリティを発揮しているニュータイプたちに翻弄され、きりきり舞いさせられているのではないでしょうか。そのような場所に身を置いていれば、いずれ自身もまたスコットと同じような社会的結末へと至ることになる可能性があります。

まとめ

- ネット黎明期からの歴史を振り返ってみれば、しばしば技術・資金・人材といったリソースで優位にある大企業が、相対的に劣位にあるスタートアップと戦い、敗れている。
- リソース面で優位にあった大企業が敗れた最大の要因はモチベーションである。いくらリソース面で恵まれた条件にあったとしても、内発的なモチベーションに駆動されているリーダーと、上司からの命令によって駆動されているリーダーとではパフォーマンスに雲泥の差があり、このパフォーマンスの差がリソースのハンディを補って、弱者を勝者に導いている。
- モチベーションが最大の競争要因なのだとすれば、個人にせよ組織にせよ、パフォーマンスを高めるためには「モチベーションのマネジメント」が必要になる。どのような仕事やタスクで内発的モチベーションが湧くのかを把握し、そのような「場」に自分をポジショニングし続けることが重要になる。
- 上司からの命令に対して実直に向き合い、内発的な動機を圧殺して一所懸命に働くオールドタイプは、結局のところ、自分がやりたい仕事だけをやると宣言して自由に動き回るニュータイプに敗れることになる。

知識と経験

オールドタイプ▼専門家の意見を重んじる
ニュータイプ▼素人の門外漢にも耳を傾ける

15 専門家と門外漢の意見を区別せずフラットに扱う

精神のない専門人、心情のない享楽人。
この「無の者」は、人間性のかつて達したことのない段階にまで
すでに登りつめた、と自惚れるだろう。[*56]

——マックス・ヴェーバー[*57]

専門家の失墜——門外漢の問題解決力が専門家を上回る時代

VUCA化する世界では、蓄積した知識や経験が急速に陳腐化します。これはつまり、長年にわたって専門的な知識や経験を蓄積してきた人、つまり「専門家」の地位が失墜することを意味します。

専門家というのは、長いこと特定の領域に携わったことで、その領域に関する深く、広い知識

と経験を有する人と考えられてきました。しかし、このような考え方のもとに、無批判に専門家の意見や指示に従うのは典型的なオールドタイプの行動様式になりつつあります。

なぜそのように指摘できるか。今日、このような専門家のパフォーマンスが、それと対比される「門外漢」のそれと比較して、相対的に低下していることを示す事例が増えているからです。

たとえばゲノム研究者のカリム・ラクハニらは、白血球のゲノム配列を解析するアルゴリズムの性能を向上させるためにクラウドソーシングを利用したところ、免疫遺伝学とは関係のない門外漢から多くの回答を得、そのうちいくつかの回答は、既存のアルゴリズムを大幅に上回る精度と速度を達成した、と発表しました。[*58]

この他にも、近年では、専門家が頭を抱えてきた多くの難問について、門外漢が問題を解決するという事例が数多く報告されています。

私たちは航空宇宙局（NASA）、医学大学院、有名企業などのために、クラウドを対象とするコンペティションを過去五年間で七〇〇回以上実施してきた。うち、クラウドが集まらなかった、つまり誰も問題に挑戦しようとしなかったのは一回だけだった。それ以外のコンペティションでは、既存のやり方とすくなくとも同等か、大幅に上回る結果が得られている。

——アンドリュー・マカフィー他『プラットフォームの経済学』

これは一体どういうことなのでしょうか？　資金も人材も機材も豊富に抱えているNASAや大企業のような組織は、彼らが専門とする領域について、最も高度な問題解決力を持っているはずです。

なぜ、彼ら専門家が解決できなかった問題を、門外漢の人々がいとも簡単に解いてしまうということが起きるのでしょうか。

門外漢のパフォーマンスが上がる構造要因

ここで「専門家の問題解決力を門外漢のそれが上回る理由」について考察してみると、3つの要因仮説が浮かび上がってきます。

1つ目のわかりやすい仮説は、そもそも専門家の能力は、私たちが一般に考えているほど大したものではなかった、というものです。そんなバカな、と思われるかもしれませんが、さまざまな研究がこの仮説を支持しています。

たとえば、1984年に経済誌「エコノミスト」は、今後10年の経済成長率、インフレ率、為替レート、石油価格、その他基本的な経済数値を、さまざまな立場にある合計16人の人物に予測してもらう、という実験を行いました。その16人とはすなわち、4人が元財務大臣、4人が多国籍企業の経営者、4人がオックスフォード大学の経済学専攻の学生、そして最後の4人が清掃作業員でした。

10年後、同誌が結果を検証したところ、結果は一様に惨憺たるものでしたが、あえて優劣をつければ、1位は同着で清掃作業員と企業経営者、ビリは元財務大臣という結果でした。

この「専門家はぶっちゃけ、本当に能力があるのか」という論点について、さらに大規模な検証を行ったのがカリフォルニア大学ハース・スクール・オブ・ビジネスのフィリップ・テトロックです。テトロックは、大学・政府・シンクタンク・メディアで活躍する著名な専門家を284人集め、彼らによる経済や社会に関する将来予測を2万7450も収集し、その結果を検証しました。

結果は、同様にやはり「惨憺たる」ものでした。テトロック自身は、さらに辛辣に「専門家といわれる人の予測は、ダーツを投げるチンパンジーにも負けただろう」と結果を評価しています。

さらに加えて指摘すれば、現在の世界で存在感を示している企業の多くは、ここ20年ほどのあいだに創業されています。彼らはいわば「素人」として事業を起こし、ここまでの存在感を放つまでになったわけですが、では専門家を抱えていた多くの大手既存企業は一体何をやっていたのでしょうか。結果から言えば「何もできなかった」というしかありません。

なぜこのようなことが起きるのでしょうか？　まず、そもそも専門家の能力評価は極めて難しいという問題があります。特に高度な専門家になればなるほど、領域は細分化し、知識のアップデートは難しくなります。高度な専門家を評価するためにはさらに高度な専門家がいるわけですが、そのような人物は数が極めて少ないため、結果として「評価不全」の状況がさまざまな場所で発生していると思われます。

さて、次に「専門家の問題解決力を門外漢のそれが上回る理由」として2つ目に指摘しなければならない要因が、VUCA化によって知識や経験の陳腐化が早まっているという点です。

たとえば先述した免疫遺伝学の世界では、10年も経たずに技術トレンドが大きく変わっていますし、これはメディアテクノロジー、人工知能や機械学習、エネルギーの分野などにおいても同様です。

このような変化が激しい領域では、組織のコアに抱えた人材の知識、経験をアップデートし続けなければならないわけですが、変化のベクトルはまさにVUCAで予測が難しいため、学習を先取りすることはなかなかできません。

一方で、門外漢の集団からなるクラウドは膨大な人数からなっているため、最新の知識を持つ人がどこかしらにいることになります。そのため、コアの陳腐化が急速に起きるのに対して、クラウドの陳腐化は基本的に起きないということになります。

この仮説がもし正しいとなると、私たちは組織のコアに最先端の知識を持った人材を抱えることの意味について、あらためて再考しなければならない時期に来ているということになります。

なぜ地質学者であるダーウィンが進化論を着想したのか？

「専門家の問題解決力を門外漢のそれが上回る理由」として3つ目に指摘したいのが、門外漢だからこそ、革新的なアイデアを思いつくことができる、という要因です。これは過去の偉大な発見・発明の多くが「門外漢」によってなされていることを思い出せば容易に理解できるはずです。

たとえばチャールズ・ダーウィンが典型例でしょう。ダーウィンは進化論における、いわゆる自然選択説を提唱したことで知られているため、一般には生物学者として認識されていますが、本人自身は、終生自分のことを地質学者と名乗っていました。

つまり、人類史上、最も科学に大きな影響を与えた生物学上の仮説が、専門家の生物学者ではなく、門外漢の地質学者から提出された、ということです。この事実は「専門家と門外漢」という問題を考察するにあたって、極めて重大な何かを示唆しています。

そもそも、なぜ専門の生物学者がこの仮説に気づかず、門外漢のダーウィンが気づいたのでしょうか？　それはまさに「彼が専門の生物学者ではなかったから」です。ダーウィンは、自然選択説に思い当たったのには、2つの著作が重大な契機になったと述懐しています。

一つはライエルの『地質学原理』です。ダーウィンは、同著にある「地層はわずかな作用を長い期間蓄積させて変化する」というフレーズに接し、動植物にも同様のことが言えるのではないか、という仮説に思い至ったようです。

そしてもう一つが、有名なマルサスの『人口論』でした。「食料生産は算術級数的にしか増えないのに人口は等比級数で増えるため、人口増加は食料増産の限界の問題から必ず頭打ちになる」という予言＝「マルサスの罠」を提唱して議論を巻き起こした著作ですが、この本を読んでダーウィンは、食料供給の限界が常に動物においても発生する以上、環境に適応して変化することが種の存続において重要であるという仮説を得ています。

そしてこれら2つの仮説が、結局「自然選択説」という理論に結晶化するわけですが、ダーウィン自身の専門も、また彼にインスピレーションを与えた2つの著作も、どちらも「生物学」に無縁であったということに注意してください。

専門家が斬新なアイデアをつぶす

これまでの考察をひっくり返してみると、専門家に過度に依存することは課題設定あるいは問題解決の能力を著しく毀損してしまうという危険性が示唆されます。これが最も悪い形で出たのが日本の東海道新幹線の開発でした。

時速200キロ以上で走り、東京と大阪を3時間で結ぶ超高速列車によって、台頭しつつあった航空産業に対抗する、というのが東海道新幹線の基本コンセプトですが、このコンセプトに対して強硬に反対していたのが、古参の鉄道エンジニアたちでした。

彼らは、当時ひんぱんに発生していた列車の脱線事故の原因が「レールの歪みにある」と指摘し、この問題が解決できない以上、時速200キロで走る列車の開発は原理的に不可能だと主張したのです。

一方で、東海道新幹線の技術開発に携わっていたのは、太平洋戦争においてゼロ戦などの航空機の研究・開発に携わっていた技術者たちでした。門外漢である彼らは、航空機の翼が共振して破壊される、いわゆるフラッター問題を解決した経験から、列車の脱線は振動によって発生しており、振動制御によって克服することが可能だと再三にわたって訴えたにもかかわらず、鉄道技術者は耳を傾けようとしなかったのです。

今日、東海道新幹線は毎年1億人以上の乗客を運び、また世界各国における超高速鉄道の嚆矢ともなったことを思えば、このとき、専門家である鉄道の古参技術者にプロジェクトがつぶされていれば、私たちの今日の世界もまた幾分か違ったものになったことは間違いありません。

コアの仕事とクラウドの仕事をどう組み合わせるか

VUCA化が急速に進む世界において、組織内のコアにいる専門家と組織外のクラウドにいる門外漢をどう組み合わせていくかが企業における価値創造力を大きく左右することになります。

本書ではすでに「希少化する問題と過剰化する解決策」という論点について考察し、オープンイノベーションの停滞が「問題の希少化」によって発生していると指摘しました。これはまさにコアとクラウドの役割分担に関する問題です。すなわち「問題の設定」こそがコアの役割であり、「解決策の策定」がクラウドの役割になっていくということです。

どんなに知識と経験の豊富な組織であっても、会社の「コア＝内側」と「クラウド＝無限の外側」で比較してみれば、蓄積した知識量と経験量において「内側」が「外側」に勝ることはありません。

ではなぜ、これまでの組織はコアの専門家にイノベーションを依存してきたのか。実にシンプルな理由で、これまでのテクノロジーと社会構造では、クラウドと情報をやり取りするのに莫大なコストがかかったからです。

しかし、情報流通の限界費用が原則的にゼロとなる社会においては、コアに問題解決を依存するというオールドタイプの思考・行動様式の合理性は大幅に低下することになります。

この点について身をもって学んだ組織の一つにＮＡＳＡがあります。ＮＡＳＡは、長いこと太陽フレアの予測精度を高めようとして四苦八苦してきました。太陽フレアの発生に伴い、高エネルギーの粒子が太陽から発散される現象（＝ＳＰＥ）が起きると、放射線のレベルが宇宙空間にある機材や人員に対して、有害な水準に達しかねないからです。

しかし、35年もの長い期間にわたって苦闘したにもかかわらず、ＮＡＳＡはＳＰＥの発生、放出量、期間を高精度で予測する方法を見つけられませんでした。[*59]

内部的な解決の道をあきらめたNASAは、それまでに蓄積したSPEに関するデータをイノセンティブに掲載することを決定します。イノセンティブは、研究開発上の課題を抱える企業が、広くインターネット上で解決策を募るための一種のクラウドソーシングプラットフォームです。

結局、この問題について突破口を開くことに貢献した人物は宇宙物理学の知識も経験も持たない引退した無線技士、ブルース・クラギンのアイデアでした。クラギンの開発した方法によって、8時間前なら85％の確率で、24時間前でも75％の確率でSPEの発生を予測できるようになったのです。

このエピソードは、専門家だけで凝り固まったコアに問題解決を依存しようとするオールドタイプよりも、素人を含めた門外漢の意見を専門家のそれと分け隔てなく受け入れるニュータイプの方が、このような時代においては高い問題解決能力を持つことになることを示しています。

まとめ

- VUCA化する世界において、過去に蓄積した経験や知識の減価が急速に進むことになれば、いわゆる「専門家」の持っている価値もまた減損することになる。
- 昨今では、オープンイノベーションの取り組みによって、長らく専門家が解決できなかった問題を、門外漢の素人が解決するという事例が増加してきている。

●過去のイノベーションの多くは「門外漢」によってなされており、「専門家」がむしろ阻害要因となっていたケースも少なくない。

●特に、現在のようなＶＵＣＡ化によって「専門家」の価値が目減りする世界において、これまでのような盲目的に専門家を信頼するオールドタイプの思考様式は新しいイノベーションの芽を摘んでしまう可能性がある。

●このような時代にあって望まれるのは、専門家の意見と門外漢の意見を区別せず、ニュートラルかつフラットに両者を扱うニュータイプの行動様式である。

＊50　バートランド・ラッセル『怠惰への讃歌』より。

＊51　バートランド・アーサー・ウィリアム・ラッセル（１８７２年５月18日〜１９７０年２月２日）。イギリスの哲学者、論理学者、数学者、社会批評家、政治活動家。１９５０年にノーベル文学賞を受賞している。

＊52　"Corporate Concentration," Economist, March 24, 2016, http://economist.com/blogs/graphicdetail/2016/03/daily-chart-13.

＊53　https://www.slideshare.net/upwork/freelancing-in-america-2017/1

＊54　アンディ・ウォーホル（１９２８年８月６日〜１９８７年２月22日）はアメリカの画家・版画家・芸術家でポップアートの旗手。銀髪のカツラをトレードマークとし、ロックバンドのプロデュースや映画製作なども手がけた。

＊55　Brooke N. Macnamara(Princeton University), David Z. Hambrick(Michigan State University), and Frederick L. Oswald(Rice University), [Deliberate Practice and Performance in Music, Games, Sports, Education, and Professions: A Meta-Analysis], Association for Psychological Science 2012.

＊56　マックス・ヴェーバー『プロテスタンティズムの倫理と資本主義の精神』より。

＊57　マックス・ヴェーバー（１８６４年４月21日〜１９２０年６月14日）。ドイツの政治学者・社会学者・経済学者。

*58 https://hbr.org/2013/04/using-the-crowd-as-an-innovation-partner

*59 "NASA Announces Winners of Space Life Sciences Open Innovation Competition," NASA-Johnson Space Center-Johnson News, http://www.nasa.gov/centers/johnson/news/releases/2010/J10-017.html (accessed Oct 30, 2018)

THE RISE OF
NEWTYPE

第6章

ニュータイプのキャリア戦略

〉予定調和から偶有性へ

キャリア

オールドタイプ▼綿密に計画し、粘り強く実行する
ニュータイプ▼とりあえず試し、ダメならまた試す

16 大量に試して、うまくいったものを残す

人生を浪費しなければ、人生を見つけることはできない。
——アン・モロー・リンドバーグ

賢人とは人生を楽しむ術を心得た人

17世紀にオランダのハーグで活躍した哲学者のスピノザは、人であれモノであれ、それが「本来の自分らしい自分であろうとする力」をコナトゥスと呼びました。コナトゥスという言葉はもともとラテン語で「努力、衝動、傾向、性向」といった意味です。

スピノザは、その人の本質は、その人の姿形や肩書きではなく、コナトゥスによって規定されると考えました。当然のことながら、コナトゥスは多様であり、個人によって異なります。

さて、私たちは「良い・悪い」という評価を、社会で規定された絶対的尺度として用いていますが、スピノザによればそれらの評価は相対的なものでしかなく、文脈に依存して決定されます。ではどのような文脈に依存するのかというと、その人のコナトゥスを高めるのであれば「良い」ということになり、その人のコナトゥスを毀損するのであれば「悪い」ということです。[*60]

つまり、この世に存在しているあらゆるものは、それ自体として「良い」とか「悪い」ということはなく、その人のコナトゥスとの組み合わせによって決まる、とスピノザは考えたわけです。もしあなたが自然の中に身を置いて、活力が高まるのを感じたのであれば、自然はあなたのコナトゥスにとって「良い」ということになります。一方で、孤独に苛まれやすい人が自然の中に身を置いて、疎外感を感じたのだとすれば、自然はその人のコナトゥスにとって「悪い」ということになります。

スピノザの賢人観もまた、このような思考の延長線上にあります。スピノザによれば、賢人というのは、自分のコナトゥスが何によって高められ、何によってネガティブな影響を受けるかを知り、結果として人生を楽しむ術を心得た人だということになります。主著である『エチカ』から引きましょう。

もろもろの物を利用してそれをできる限り楽しむ（と言っても飽きるまでではない。なぜなら飽きることは楽しむことではないから）ことは賢者にふさわしい。たしかに、ほどよくとられた味のよい

食物および飲料によって、さらにまた芳香、緑なす植物の快い美、装飾、音楽、運動競技、演劇、そのほか他人を害することなしに各人の利用しうるこの種の事柄によって、自らを爽快にし元気づけることは、賢者にふさわしいのである。

――スピノザ『エチカ（下）』第四部定理四五備考

何が「良い」かは試さないとわからない

筆者がなぜ、17世紀の哲学者の指摘を、ここでわざわざ紹介しているかというと、今の私たちにとって、このスピノザの主張があらためて重要だと思われるからです。

私たちは極めて変化の激しい時代に生きており、私たちを取り巻く事物と私たち個人の関係は、常に新しいものに取って代わられていくことになります。このような時代にあって、何が「良い」のか「悪い」のかを、世間一般の判断に基づいて同定することはできません。

私たちが、自分の人生を賢人となって楽しむためには、つまるところ、さまざまなものを試し、どのような事物が自分のコナトゥスを高めるか、あるいは毀損するかを経験的に知っていくことが必要になります。

この「試す」というのは、スピノザの哲学において極めて重要なポイントです。私たち各々のコナトゥスはユニークなものであり、だからこそ私たちは、さまざまなことを試した上で、それが自分のコナトゥスにどのように作用するかを内省し、自分なりの「良い」「悪い」という判断軸を作っていくことが必要だと、スピノザは説いたのです。

これに対置される考え方が、姿形や立場によって、その人の「良い」「悪い」を確定してしまうという考え方です。「本来の自分であろうとする力＝コナトゥス」という本質に対して、自分の姿形や立場などの形相をギリシア語ではエイドスと呼びます。

たとえば男性・女性というのは一つのエイドスですが、ではだからといって「あなたは女だから、これが好きなはずだ」「あなたは男だから、こうするべきだ」というのは、コナトゥスを無視した押し付けになってしまいます。

そのように押し付けられたものが、本当にその人のコナトゥスを高める「良い」ものであるかどうかはわかりません。私たちは自分の姿形や立場といったエイドスに基づいて「私はこうするべきだ」「私はこうしなければならない」と考えてしまいがちですが、このようなエイドスに基づいた自己認識は往々にして個人のコナトゥスを毀損し、その人がその人らしく生きる力を阻害する要因となっています。

このような変化が激しく、「良い・悪い」の観念が暴力的に他者に押し付けられる時代だからこそ、私たちは自分のコナトゥスを高める事物をさまざまに試していくことが必要になります。

成功は確率論——成功者のキャリアは8割が偶然

何が自分のコナトゥスを高めるのかは、結局のところは試してみないとわからない、というスピノザの結論はまた、多くのキャリア論に関する研究からも裏付けられています。代表例はスタンフォード大学のジョン・クランボルツによる研究でしょう。

結果的に成功した人は一体どのようにキャリア戦略を考え、どのようにそれを実行しているのか？　この論点について初めて本格的な研究を行ったスタンフォード大学の教育学・心理学の教授であるジョン・クランボルツは、米国のビジネスマン数百人を対象に調査を行い、結果的に成功した人たちのキャリア形成のきっかけは、80％が「偶然」であるということを明らかにしました。

彼らの80％がキャリアプランを持っていなかった、というわけではありません。ただ、当初のキャリアプラン通りにはいかないさまざまな偶然が重なり、結果的には世間から「成功者」とみなされる位置にたどり着いたということです。

クランボルツは、この調査結果をもとに、キャリアは偶発的に生成される以上、中長期的なゴールを設定して頑張るのはむしろ危険であり、努力はむしろ「いい偶然」を招き寄せるための計画と習慣にこそ向けられるべきだと主張し、それらの論考を「計画された偶発性＝プランド・

ハップンスタンス・セオリー」という理論にまとめました。

クランボルツによれば、我々のキャリアは用意周到に計画できるものではなく、予期できない偶発的な出来事によって決定されます。

それでは、キャリア形成につながるような「いい偶然」を引き起こすためには、どのような要件が求められるのでしょうか？　まずハップンスタンス・セオリーの提唱者であるクランボルツ自身が指摘したポイントを挙げてみましょう。

好奇心　自分の専門分野だけでなく、いろいろな分野に視野を広げ、関心を持つことでキャリアの機会が増える。

粘り強さ　最初はうまくいかなくても粘り強く続けることで、偶然の出来事、出会いが起こり、新たな展開の可能性が増える。

柔軟性　状況は常に変化する。一度決めたことでも状況に応じて柔軟に対応することでチャンスをつかむことができる。

楽観性　意に沿わない異動や逆境なども、自分が成長する機会になるかもしれないとポジティブに捉えることでキャリアを広げられる。

リスクテイク　未知なことへのチャレンジには、失敗やうまくいかないことが起きるのは当たり前。積極的にリスクを取ることでチャンスを得られる。

このクランボルツの指摘を先ほどのスピノザの指摘に重ね合わせてみれば、私たちにとって重要なのは、自分のエイドスに従って選り好みするようなことはせず、どのような対象にも自分のコナトゥスを高める機会があるかもしれないと考え、オープンに機会を受容していくことなのだということがわかります。

これこそが、特に変化が激しく、職業リストそのものがどんどん書き換わっていくような時代にあって求められるニュータイプの思考様式です。

一方で、オールドタイプは計画にこだわります。長期の計画を立て、その計画を頑なに実行しようとし、思いがけずやってきた機会に対して自らを閉ざし続けるのがオールドタイプの行動様式と言えます。

このような態度で生きていれば、自分のコナトゥスを高める事物を発見する機会は当然ながら減ることになり、スピノザの定義する「人生を楽しむ賢人」への道は遠のくことになります。

大量に試して、うまくいったものを残す

たくさん試すことで「勝てる場所」を見つける、というのは企業戦略にも適用できる考え方です。つまり、クランボルツによる「成功者のキャリアは偶然のもたらす機会によって跳躍してい

る」という指摘は、企業の成長においてもまた適用できるテーゼだということです。

現代の社会において、このテーゼの強力さを最もわかりやすく示しているのがアマゾンです。最近ではＧＡＦＡと総称される「勝ち組企業グループ」の中核でもあり、「成功」というイメージの代名詞のようになっている感もあるアマゾンですが、同社の成長が「試す力」によっていると指摘すれば驚かれるでしょうか。

アマゾンは実は「試行と撤退」の達人でもあります。同社は上場以来、70を上回る数の新規事業に参入していますが、およそ３分の１は失敗して早期に撤退しています。

新規事業を立案する際には、綿密な計画を立て、乾坤一擲《けんこんいってき》の資源投入によって成功を目指すのが定石だと考えられていますが、アマゾンの成功はそのような予定調和の末に獲得されたものではなく、膨大な数の「試行錯誤」の結果なのです。

このような組織としての傾向は、伝統的な企業においても観察されます。たとえば継続的にイノベーションを成し遂げている企業としてよく知られる３Ｍの社是には「試してみよう、なるべく早く」という項目がありますし、ジム・コリンズが、いわゆる「ビジョナリー・カンパニー」に共通して見られる特徴として指摘したのは「大量のものを試して、うまくいったものを残す」ということでした。

意外に思われるかもしれませんが、これは「生命が進化するメカニズム」を、経営に取り込んでいると考えることもできます。

よく知られている通り、生命の進化は自然淘汰というメカニズムによって駆動されています。自然淘汰は「偶発的に発生する突然変異」を起点にしています。遺伝子のコピーになんらかのエラーが発生し、新しい形質が生まれたとき、その形質が「たまたま」環境と適合していれば、新しい形質を持った個体が子孫を残す確率が高まります。

これを延々と繰り返すことで、より環境に適合した形質を持った種が生き残るようになるわけですが、ここで留意しなければならないのが、新しい形質の獲得は基本的に「偶然」だということです。これを演繹すれば、偶然の変化が起きる回数が多ければ多いほど、進化の契機もまた増加するということになります。

3Mなどのトラディショナルな企業ですら、すでにこのような「とにかく試してみる」というアプローチの強力さを証明しているわけですが、このアプローチは今後ますます強力かつ迅速になる可能性があります。理由は実にシンプルで「試すコスト」がどんどん下がっているからです。ジェレミー・リフキンは彼の著書『限界費用ゼロ社会』において、あらゆるモノやサービスの価格が低下しており、これまで一定程度以上の資本投下をしなければ「試す」ことすらできなかったチャレンジの敷居が著しく低下していると述べています。

限界費用が低下し、「試す」ためのコストがどんどん低下すれば、今後の世界ではますます「戦略的な計画」よりも「意図された偶発性」の方が、最終的により良い成果に結びつく可能性が高まることになります。

「綿密な計画」はむしろ成功確率が下がる

クランボルツの研究結果は「計画を立て、計画の達成にこだわる」という、一般的にはポジティブに評価される行動様式が、実は成功を遠ざける要因になっていることを示唆しています。

特に、現在のような予測の難しい時代にあって、これまでポジティブに評価されてきた「綿密に計画を立て、計画の達成にこだわる」というモードは、もはやオールドタイプのそれということになります。一方で、ニュータイプは「とりあえず試してみて、結果をみて修正する」というダイナミックなアプローチを取ります。

同様のことがプロジェクトの成否についても指摘できそうです。1990年代の初頭、スタンフォード大学のキャスリーン・M・アイゼンハートとベナム・N・タブリージは、年間売上5000万ドルを超えるアメリカ、欧州、アジアのコンピューターメーカー36社が手がけた72の製品開発プロジェクトに関する調査を行い、最もイノベーティブな成果を達成したチームは、計画段階にかける時間が少なく、実施段階における時間が多いチームであることを明らかにしました。[*61]

つまり、計画を細部に至るまで綿密に作り上げる前に、まずは即興的にプロジェクトを始めるチームほど、大きな成果を生み出していたということです。

一方で、一般的なイメージとは裏腹に、事前の計画を綿密に作ろうとして時間をかけたチームほど、プロジェクトの進展は遅く、得られた成果も小さかったのです。

即興型のチームに「計画がなかった」わけではありません。言ってみれば即興型のチームは、計画を実行しながら計画を作っていたのです。私たちは一般に「計画の策定」と「計画の実行」を2つの種類の異なるタスクと考え、これをレゴブロックのようにシーケンシャルにつなげるイメージで捉えます。

しかし、即興型のチームは「計画の策定」と「計画の実行」が渾然一体となっており、実行をしながら、その都度立ち現れてくる問題や見えてきた市場の好機に適応するようにして、計画を仕立て直していました。

言い換えれば、プロジェクトの進行過程そのものが、計画立案のプロセスになっていたということです。だからこそ、即興チームの方が市場での成功確率が高かったのです。

「試し上手」は「やめ上手」――「撤退の巧拙」が事業創出のカギ

ここで一点、注意を促しておきます。それは「試すためにはやめることもまた必要だ」という点です。今日、多くの企業において新規事業へのトライアルは重大な経営課題となっていますが、実際のところはうまくいっていない企業が多い。

もちろん、さまざまな要因が考えられるわけですが、ここで指摘しておきたいのは、何かを試行するためには何かをやめなくてはならない、ということです。

人であれ企業組織であれ、何かをするための時間・資源には限りがあります。当然ながら、何かを試すためには、試すために資源を振り向けなければならないわけですが、従来の取り組みに資源を振り向けたままであれば、試行はままならないということになります。

ここでもまた、アマゾンの例が一つの参考になります。先述した通り、アマゾンは短期間に数多くの新規事業に参入しているわけですが、このように多量の事業にトライアルできているのは、彼らの「撤退判断」が極めて迅速だからということも指摘できます。

典型例が2014年に100億円以上の資金を投入して参入したスマートフォン事業です。CEOであるジェフ・ベゾスが旗を振ってスタートしたにもかかわらず、結局は後発参入のハンディを覆すことはできず、たったの1年で撤退しています。

利益の出なくなった事業をずるずると続けた挙句に「もうどうしようもない」という局面に至って仕方なく二束三文で売却する、ということを繰り返している日本企業と、アマゾンの撤退判断のすばやさを比較すれば、実は「撤退の巧拙」にこそ、新規事業創出の巧拙の差を生み出す真因があるのではないか、とすら思えてきます。

ベイン・アンド・カンパニーがまとめた「アマゾンの撤退事業リスト」を見れば、同社が「たくさん試し、うまくいかなければすぐに撤退する」を繰り返して、現在の強力な事業ポートフォ

図15 アマゾンの撤退事業リスト

開始(年)	終了(年)	事業名
1999	2000	アマゾン・オークションズ
1999	2007	Zショップス
2004	2008	検索エンジン「A9」
2006	2013	アスクビル(Q&Aサイト)
2006	2015	アンボックス(テレビ番組や映画の購入・レンタル)
2007	2012	エンドレス・ドットコム(靴とハンドバッグの専門サイト)
2007	2014	アマゾン・ウェブペイ(P2P送金)
2009	2012	ペイフレーズ(合い言葉による決済)
2010	2016	ウェブストア(オンラインストア立ち上げ支援)
2011	2016	マイハビット(会員制タイムセール)
2011	2015	アマゾン・ローカル
2011	2015	テストドライブ(アプリの購入前試用)
2012	2015	ミュージック・インポーター(音源アップロードプログラム)
2014	2015	ファイアフォン
2014	2015	アマゾン・エレメンツ(プライベートブランドのおむつ)
2014	2015	アマゾン・ローカルレジスター(モバイル決済)
2014	2015	アマゾン・ウォレット
2015	2015	アマゾン・デスティネーションズ(宿泊予約)

成毛眞『amazon 世界最先端の戦略がわかる』ベイン・アンド・カンパニーによるアマゾンの分析

リオを組み上げてきたことがわかります。

なぜ、多くの企業は「試す」ことができないのでしょうか。よく聞かれるのは「リスクを取れないから」という理由ですが、では、さらに突っ込んで「なぜリスクが取れないのか」という論点を深く掘ると、そこに「撤退が下手」という要因が浮かび上がってきます。

一度始めた以上、なかなかやめられないということであれば、当然ながら「始まり」には大きなリスクが伴うことになります。つまり「試行」のコストを押し上げる心理的な要因は、「やめられない」というバイアスによって形成されているということです。

これは個人のキャリアについても同様に指摘できることです。多くの人は「変化の時代においてはチャレンジが大事だ」と言われれば、それはその通りだ、と同意するはずです。

しかし、実際のところはなかなかチャレンジできず、ズルズルと従前の取り組みを続けたまま、無為に時間を過ごしてしまう人が多い。理由はシンプルで、そのような人は「始められない」のではなくて「やめられない」のです。

人の持っているリソースには限りがあります。そのリソースを用いて、どんどん新しいことを試していくためには、すでにやっていてこれ以上伸びシロが望めないということをやめる必要があります。

まとめ

- 17世紀オランダの哲学者スピノザは、何が「良いこと」で、何が「悪いこと」なのかを決めるのは、各々にとってのコナトゥス（自分らしい自分で居続けようとするエネルギー）によって決まると考えた。スピノザによれば、自分のコナトゥスを高める「良いモノゴト」は外形的に見定めることはできず、結局はたくさんのことを試してみて、経験的につかんでいくしかない。
- このスピノザの主張はまた、現代のキャリア研究においても正しいということが明らかになっている。たとえばスタンフォード大学のジョン・クランボルツは、成功したビジネスパーソンのキャリアを研究し、80％が偶然の機会がきっかけであったことを明らかにしている。
- 一般に、計画をしっかりと立てて実行していくことは良いと考えられているが、未来の見通しが難しい現在にあって、このような行動様式はオールドタイプのパラダイムになりつつある。
- このような世界において、より自分らしい充実した人生を送りたければ、むしろ自分をオープンに保ち、やってくる機会を「役に立つ、役に立たない」と言って峻別せずに、積極的に「自分のコナトゥス」を高める機会になるかどうかを試していくニュータイプの心性が求められる。
- 「たくさん試して、うまくいったものに身を寄せていく」というニュータイプの行動様式を実践するには、「やめる」ということもまた必要になる。「やめる」ことは一般にネガティブに考えられているが、資源が有限である以上、何かを始めるためには何かをやめなければならない。

逃走論

オールドタイプ▼一箇所に踏み留まって頑張る
ニュータイプ▼すぐに逃げて、別の角度からトライする

17 人生の豊かさは「逃げる」ことの巧拙に左右される

おのが分を知りて、及ばざる時は、速やかに止むを智といふべし。許さざらんは、人の誤りなり。分を知らずして、しひて励むは、おのれが誤りなり。

——吉田兼好『徒然草』

「痛み」はなぜあるのか？

痛みという感覚を好ましいと思う人はあまりいません。にもかかわらず、私たち人間をはじめとした霊長類にはこの感覚が備わっています。これはなぜなのでしょうか？

生物は、進化のかなり早い段階で「痛み」という感覚を備えるようになったことが知られています。[*62] これはつまり、生物の進化という過程において「痛み」という感覚を持っていることが、

個体の生存・繁殖に有利に働いたということです。

この示唆を上下にひっくり返してみれば、痛みの感覚に鈍くなるということは、その生物の生存・繁殖にリスクをもたらすということになります。

さて、一般に日本では「痛み」に代表されるネガティブな感覚・感情に対して「我慢する」ことが美徳だと考えられていますね。深刻な事故が相次いでいるにもかかわらず、なぜか一向に廃止される気配のない小学校の組体操に関する指示書を先日読ませてもらったのですが、デカデカと「痛いのはみんな同じ、弱音をはかない」などとトンデモないことが書いてある。[*63]

このようなことを平気で言う人は、なぜ生物が「痛み」という感覚を進化の過程で持つに至ったのかということを今一度考えてみてはいかがでしょうか。

世の中には「痛みを感じない」という人がいます。これはもちろん「我慢強い」という意味ではなく、疾患として「痛覚の神経を持たない」という意味です。そして、とても気の毒なことですが、このような疾患の持ち主は長生きできない、統計的に短命であることが知られています。

普通の人なら痛いと感じるようなことでも平気でやってしまい、火傷したり骨折したり脱臼したりしているのにそれに気づかない。痛覚がないのですから当たり前です。

仕方がないので、何が危険なのかを「知識」として与え、気をつけるように注意する、何かに触れたら怪我をしていないかをチェックするといったことを教えるわけですが、現実にはそこまでやったとしても長命は望めないことがわかっています。

立っているときに足が痛いので少し体重を移動する、あるいは寝ているあいだに背中が痛いから寝返りをうつ、といったことすら「痛みの感覚」がないとできず、知らず知らずのあいだに普通の人なら当たり前に避けられる過度な負担を身体にかけてしまうのです。

これを逆にいえば、私たちは普段、極めて巧妙かつ無意識のうちに「痛み」を避けており、それが健康の維持に重大な影響を与えている、ということです。

どんなに知識として「何が危ないのか」を理解させ、適応させようとしても、普通に「痛み」を感じる人ほどには長生きすることはできない。この事実は非常に興味深いと思います。私たちは自分たちのキャリアや人間関係について、まさに「何が危ないのか」「どうすればいいのか」といった抽象的な知識を得るために大そうな額のお金を支払っていますが、そのような知識そのものを習得するよりも、判断が求められるその瞬間、つまり「今、ここ」において自分の身体がどのように反応しているかを敏感に感じとる力の方が、はるかに重要だということになります。

生存戦略上、「逃走」は最も有効な戦略

危機に直面した生物は「戦う」か「逃げる」かのどちらかの選択を瞬時にします。では人間はどうかというと、多くの場合はこの2つのオプションを取るよりも「じっと耐える」「なんとか頑張る」という選択をします。

多くの人間が採用するこの選択肢を選ぶ動物がいない理由はなんだと思いますか。実に単純な話でそのような選択をした生物は絶滅してしまった、ということです。つまり、危機に際して「じっと耐える」とか「我慢してやり過ごす」というのは、個体の生存という観点からは非常に不利な「悪いオプション」だということです。

私たち日本人は幼少期から「逃げてはいけない」という規範を叩き込まれます。しかし考えてみれば、生物の生存戦略として最も広範囲に用いられている戦略が、人間の世界において厳しく戒められているというのもおかしな話です。

なぜ、私たちは「逃げる」ということをネガティブに考えてしまうのでしょうか。このような規範が社会的に淘汰されずにいまだに残存しているということは、「逃げない」という規範に社会システムを効率的に機能させる合理性があったということでしょう。

理由は2つあります。1つ目の理由は「逃げる人」が出てくると、自分の選択に自信が持てなくなるからです。これは転職の局面を考えてみればわかりやすい。

同期入社の中から転職者が出てくると「自分はこのままでいいのか」という一抹の不安に囚われることになります。この不安を払拭するために「逃げる」ことを戒めるのです。

2つ目の理由は、逃げる人が出てくると他の人の負担が増えるからです。コミュニティを維持するためには何らかのルーチンワークが必要になります。この仕事をコミュニティの構成員に割り振って分担することになるわけですが、ここで逃げる人が出てきてしまうと他の人が逃げた人の仕事を肩代わりしなければなりません。

これはコミュニティのメンバーにとっては大きな負担になります。なので「逃げてはいけない」ということが規範化されるわけです。

確かに、ある場所から逃げれば、そこで担っていた役割は他の誰かに肩代わりしてもらうことになります。それを心苦しく感じて「逃げてはいけない」と考えて頑張り続けてしまう人が多いのでしょうが、その結果として心身を壊してしまっては元も子もありません。上手に「逃げる」ことは戦う上でも極めて重要な能力になります。

これが最も端的に現れるのが軍事における「撤退」の局面です。たとえば魏晋南北朝時代に編まれた有名な兵法書『兵法三十六計』の最後には「走為上＝走るを上と為せ」という項目があります。これはつまり「逃走は最善の策である」という意味です。

有名な孫子の兵法にも同様のメッセージがあって、つまり「勝ち目がないとわかったときには損失を最小化するために迅速に撤退する」のは戦略的に極めて正しいということです。

一方で、これをなかなかできずに国を滅亡の寸前まで追い込んでしまったのが旧日本軍のエリート軍人たちでした。太平洋戦争の戦死者はおよそ300万人と推計されていますが、死者の多くは最後の1年に出ています。

これは一般人の犠牲者についても同様で、東京大空襲や広島・長崎への原爆投下などはすべて1945年3月以降のことです。1942年のミッドウェー海戦で主力空母を4隻失った時点で講和をしていれば、あそこまで大きな犠牲は出さずに済んだはずです。これもまた「逃げる」ことが上手にできなかったことで生まれた悲劇ということができます。

パラノとスキゾ――一つのアイデンティティに固執する危険性

特に現代のような先読みの難しいＶＵＣＡな社会では、多くの人が人生のどこかで「逃げる」というオプションを取らざるを得ない局面がやってくると思われます。

思想家・評論家の浅田彰は著書『逃走論』の中で、フランスの思想家ジル・ドゥルーズとフェリックス・ガタリの共著による『アンチオイディプス』で用いられた「パラノ」と「スキゾ」という概念を援用しながら、不確実性の高い世界において「逃げる」というオプションを持っていることの重要性について次のように指摘しています。

さて、もっとも基本的なパラノ型の行動といえば、《住む》ってことだろう。一家をかまえ、そこをセンターとしてテリトリーの拡大を図ると同時に、家財をうずたかく蓄積する。妻を性的に独占し、産ませた子どもの尻をたたいて、一家の発展をめざす。このゲームは途中でおりたら負けだ。《やめられない、とまらない》でもって、どうしてもパラノ型になっちゃうワケね。これはビョーキといえばビョーキなんだけど、近代文明というものはまさしくこうしたパラノ・ドライヴによってここまで

成長してきたのだった。そしてまた、成長が続いている限りは、楽じゃないといってもそれなりに安定していられる、というワケ。ところが、事態が急変したりすると、パラノ型ってのは弱いんだなァ。ヘタをすると、砦にたてこもって奮戦したあげく玉砕、なんてことにもなりかねない。ここで《住むヒト》にかわって登場するのが《逃げるヒト》なのだ。コイツは何かあったら逃げる。ふみとどまったりせず、とにかく逃げる。そのためには身軽じゃないといけない。家というセンターをもたず、たえずボーダーに身をおく。家財をためこんだり、家長として妻子に君臨したりはしてられないから、そのつどありあわせのもので用を足し、子種も適当にバラまいておいてあとは運まかせ。たよりになるのは、事態の変化をとらえるセンス、偶然に対する勘、それだけだ。とくると、これはまさしくスキゾ型、というワケね。

——浅田彰『逃走論——スキゾ・キッズの冒険』

浅田彰の指摘には2つのポイントがあります。

1つは「パラノ型は環境変化に弱い」という指摘です。この点については本書でもすでに指摘した通り、現在、企業や事業の寿命はどんどん短くなっています。

この状況を個人のアイデンティティ形成と紐づけて考えてみるとどうなるか。職業というのはアイデンティティ形成の最も重要な要素ですから、1つのアイデンティティに縛られるということは、1つの職業に縛られるということになります。

一方で、会社や事業の寿命はどんどん短くなっている。この2つを掛け合わせて得られる結論は、すなわち「アイデンティティに固執するのは危険である」ということです。

堀江貴文氏は近著『多動力』において「コツコツやる時代は終わり」「飽きたらすぐやめろ」と訴えていますが、これも「パラノ」より「スキゾ」が大事だという指摘として読み替えることができます。

私たちは「一貫性がある」「ブレない」「この道ン十年」みたいなことを、手放しで賞賛するおめでたいところがありますが、しかし、そのような価値観に縛られて、自分のアイデンティティをパラノ的に固持しようとすることは自殺行為になりかねません。

行き先が決まっていなくても「逃げる」ことの大切さ

浅田彰が指摘するポイントの2つ目が「逃げる」という点です。浅田彰は「パラノ型」を「住むヒト」と定義した上で、「スキゾ型」を「逃げるヒト」と定義している。「住むヒト」に対置させるのであれば、「移住するヒト」とか「移動するヒト」という定義の仕方もあるのに、そうはせずに「逃げるヒト」という定義を用いている。ここは非常に鋭いと思います。

「逃げる」というのは、別に明確な行き先が決まっていなくとも、とにもかくにも「ここから逃げる」ということです。このニュアンス、つまり「必ずしも行き先がはっきりしているわけではないけれど、ここはヤバそうだからとにかく動こう」というマインドセットが、スキゾ型だと言っているわけですね。

キャリア論の世界では「自分が何をやりたいか、何が得意なのかを考えろ」とよく言われます。この点はすでに拙著『仕事選びのアートとサイエンス』でも指摘したことですが、私はこんなことを考えるのはほとんど無意味だと思っていて、結局のところ、仕事は実際にやってみないと「面白いか、得意か」はわかりません。「何がしたいのか？」などとモジモジ考えていたら、偶然にやってきたはずのチャンスすら逃してしまうでしょう。

行き先などは決まっていなくても、「どうもヤバそうだ」と思ったらさっさと逃げる、というのがニュータイプの行動様式になる、ということです。もっと目を凝らし、耳をすまして周りで何が起きているのかを見極める。

先に挙げた浅田彰の抜粋では「たよりになるのは、事態の変化をとらえるセンス、偶然に対する勘、それだけだ」とありますが、これは筆者が『世界のエリートはなぜ「美意識」を鍛えるのか？』において、「積み上げ型の論理思考よりも、大胆な直感が大事だ」と指摘したのと同じことです。周囲が「まだ大丈夫」と言っていても、「危ない！」と直感したらすぐに逃げる。

ここで重要になってくるのが「危ないと感じるアンテナの感度」と、「逃げる決断をするための勇気」ということになります。往々にして勘違いされていますが、「逃げる」のは「勇気がない」

からではありません、逆に「勇気がある」からこそ逃げられるんですね。

「どんどん逃げる」ことで社会が良くなる

さて、ここまで「逃げる」ことが個人にもたらすメリットについて考察してきましたが、ここでは「逃げる」ことで、社会システムもまた改善される、ということを指摘しておきたいと思います。

3章において、「意味」の問題を扱った際に、現在の先進国では「クソ仕事の蔓延」という問題が起きていることを指摘しました。実はこの問題に対する、最善の対応策は「逃げる人を増やす」ということだと指摘すれば意外に思われるでしょうか。

クソ仕事がそのまま残存し、蔓延しているということは、つまるところ労働市場がうまく機能していない、ということを意味しています。クソ仕事から人々がどんどん逃げていくことになれば、意味のないクソ仕事しか生み出せない経営者や管理職は立ちいかなくなり、労働市場から排除されることになります。つまり、多くの人がどんどん「逃げる」ことで、社会全体の健全性は高まるということです。

私たちは「一所懸命」という言葉を無条件にポジティブな表現として考えてしまいがちですが、この言葉はもともと、中世日本において、各々の在地領主が本貫とした土地を「命がけで守り抜く」という覚悟を表したものです。

つまり「土地のオーナー」が持つべき覚悟を表している言葉なんですね。オーナーでもない領民の覚悟ではなかったわけです。しかし、これがいつしか、土地のオーナーである領主が、その領地で働く人々に対して押し付ける「弱者の道徳」に転化していったわけです。

昨今の日本では、いい年をした大人による破廉恥な不祥事が後を絶ちませんが、このような人物が大量に生み出されることになった社会的要因もまた、この「一所懸命」という弱者の道徳によると考えることもできます。

不甲斐ないリーダーに対して、これを是正させるための契機として下にいる人間が取れるオプションは「オピニオン＝意見をして行動をただす」か「エグジット＝その人のもとから逃げ出す」かの2つしかありません。

日本の権力格差指標は相対的に高い水準にあり、下の立場にある人間から上の人に対して具申をすることには大きな心理的抵抗が生まれます。ましてや、傍若無人な振る舞いをする未成熟な人物に対して意見するのは、誰にとっても憚られることでしょう。

であれば、取りうるオプションは「エグジット」ということになります。先述した通り、権力をカサにきて子供じみた振る舞いを繰り返すような人物であっても、周囲に誰も取り巻きがいないという状況になれば、権力のふるいようがありません。

まとめ

- 痛みはネガティブな感覚ではあるが、生物が進化の過程で、このネガティブな感覚を獲得し、それを形質としてずっと遺伝してきたのは、つまり「痛みを感じる」ということが、生存にとって極めて重要だからである。
- 危機に直面した動物は「闘争する」か「逃亡する」かのどちらかの反応をする。私たちは一般に「逃げる」ということをネガティブに考える傾向があるが、これだけ不安定な世の中になり、事業の短命化が明らかになっている状況では、この「逃げる」ことの巧拙は人生の豊かさを左右するとても大きな要因になりつつある。
- このような状況にあって、相も変わらずに「一所に踏み留まって頑張るのが素晴らしい」というオールドタイプの行動様式は、自分の人生を破壊することにつながりかねないリスクの大きなものになりつつある。
- 一方、ニュータイプは高いモビリティを持ち、「一所に踏み留まって頑張り続けるべきだ」という固陋な道徳観念に縛られることなく、直感と美意識に駆動されて自由に運動する。
- 個人のモビリティが高まり、どんどん「逃げる」ようになれば、労働市場の流動性が高まり、無意味なクソ仕事は残存できなくなり、傍若無人な振る舞いを繰り返すオールドタイプの権力も維持できなくなる。

シェアとギブ

オールドタイプ▼奪い、独占する
ニュータイプ▼与え、共有する

18 シェアしギブする人は最終的な利得が大きくなる

殺しあうのが、ニュータイプじゃないでしょう？

——ララァ・スン*64

かつて「共有」は悪だった

幼児のいる英語圏の家庭にしばらく暮らしたことのある人であれば、どこかでカレン・カッツによる絵本『I Can Share』を目にしたことがあると思います。ともすれば「独り占め」をしたがる子供たちに「共有」の楽しさ、大事さを諭すこの定番絵本は次のように紹介されています。

For toddlers, sharing can be a hard concept to grasp, but with the help of this book, they'll learn that sharing can also be fun!

（幼児にとって「共有」というのは理解の難しい概念です。しかしこの絵本があれば、彼らは「共有」も楽しいということを学ぶことができます）[*65]。

この絵本を読んでも結局は「共有」という概念が理解できなかったのか、あるいはそもそも、幼児期に受けた教育は親が期待するほどには効果的ではないということなのか、特にアメリカにおいては、長いこと「共有」という概念は資本主義の仇敵である共産主義者のドグマだと考えられてきました。

たとえば、ビル・ゲイツはかつて、リナックスに代表されるフリーソフトウェアを擁護する人々に、考えうる限りの罵詈雑言を浴びせていました。ゲイツによれば、フリーソフトウェアの信奉者は「現代の新しい共産主義者」であり、アメリカンドリームを支えている「市場を独占したい」という情熱に冷や水をぶっかける邪悪な存在だ、というのです[*66]。ゲイツによれば、アメリカンドリームの体現者というのは、欲深く、不寛容で、他者との共存を許さない人物ということになるわけですが、そのような人物になることが本当に「国を象徴する夢」なのだとすれば随分とまあ卑賤な夢を掲げたものだと思わざるを得ません。

しかし幸いなことに2019年の時点で、Airbnbに代表される「共有を促進するプラットフォーム」を提供するビジネスは巨大な時価総額を誇っており、創業者が間違いなくアメリカンドリームの体現者として認められていることを考えれば、ビル・ゲイツが想定したような「夢」はまさにオールドタイプのそれだった、ということなのでしょう。

現在に至っても、このようなオールドタイプの考え方、つまり「独占は共有よりも経済的な価値が大きい」というドグマを信奉する人はいまだに少なくありません。しかし、これも無理からぬことと言えるかもしれません。というのも、長いこと「ビジネス」というのは宿命的に独占を目指さざるを得ないものと考えられていたからです。

たとえば、経営学における戦略論の古典的なテキストであるマイケル・ポーターの『競争戦略論』をひもといてみればよくわかります。ポーターの戦略論は、基本的に経済学における産業組織論の枠組みを用いて書かれていて、その考察はすべて「どうすれば市場を独占できるか」という「大きな問い」に対する回答の幹と枝葉という構造をなしています。

これはポーターという人の出自、つまりもともとは「経営学」ではなく「経済学」で博士号を取っている、という点に大きく関わっています。一言で言えば、ポーターは「経済学」が忌避する「独占」という事態を「経営学」においてひっくり返して「望ましい状況」に転用したわけです。

経済学では「社会の厚生の最大化」を目指します。簡単に言えば、市場で健全な競争が行われ、誰もが良いものを安く買え、どこかの企業が独占的に多額の利益を得るようなことがない社会を「良い社会」と考え、これを阻害する要因を排除することを考えます。

つまり、どのようにすれば、一社が独占的に市場を支配し、新陳代謝が起こらないような状況を避けられるか、ということを考えるわけです。

しかし、これを市場に参加している企業の側からひっくり返してみればどうか。一社が独占的に市場を支配し、多額の利益を得ながらも新陳代謝がまったく起こらないような状況というのは、まさしく理想的な状況なわけです。

競争戦略論における古典的な定番テキストが、もともとは「独占」を避けるための体系である産業組織論を裏返しにするようにして構築されたということは、企業にとって「独占」というものが、いかに魅惑的なものとして長らく考えられてきたかを示唆するものです。

ところが、先述した通り、ここにきて急速に「独占」と「富」がリンクしない世の中が出現しつつあります。個人が無償で執筆に協力することで成立しているウィキペディアが営利事業として運営されてきたほとんどすべての百科事典を破綻に追いやり、画像や音楽などを著作権者の許諾なしで合法的に活用するためのプラットフォームであるクリエイティブ・コモンズが14億を超えるコンテンツを収納している[*67]という事実を踏まえれば、私たちは「独占を目指すことで富を極大化できる」というオールドタイプのドグマを刷新し、いたずらに独占を目指さず、むしろ積極的に他者と実りを共有することで、全体としての富を大きくしていくことを目指すというニュータイプの行動様式に転換すべき時期に来ているように思います。

「共有は損」は幻想——人は本当に自分の利得を優先するか

今日の「共有エコノミー」の勃興は、私たちがこれまで資本主義世界において「絶対善」として崇めてきた「独占」や「所有」といった概念に大きな揺さぶりをかけています。

経営学における競争戦略論の基底をなしている「根っこの問い」が、もし「どうすれば市場を独占できるか」という論点なのだとすれば、その上にそそりたつ考察の幹と枝葉のすべては、今日の「共有エコノミー」による巨大な価値の創出と大きな齟齬をきたすことになり、端的に言えば理論として根底から破綻します。私たちはここから先「所有」や「独占」という概念を、どのように位置付ければいいのでしょうか。

そもそも、中世から数百年のあいだ、私たちは今日でいう「所有」という概念を持っていませんでした。たとえばイギリスでは長いこと農耕生活は共有地＝コモンズを中心に組織されており、封建領主は自分の土地を農民に貸し出すことで生活を営んでいました。

封建時代の農業は、今日の私たちがコミューン＝共同社会と呼ぶ社会構造のなかで営まれていました。農民たちは全員の土地をまとめて開放耕作地や共同牧草地とし、その土地を皆で共同して耕作しました。ところが、この「幸福な時代」はそれほど長続きせず、いくつかの要因によって終焉することになります。何が起きたのでしょう。

おそらく、この問いに対して最も「有名な答え」を提示したのがギャレット・ハーディンでしょう。当時カリフォルニア大学サンタバーバラ校の生態学の教授だったハーディンは、1968年に科学誌「サイエンス」に「コモンズの悲劇」と題した論文を提出しています。

仮にここに「誰もが利用できる牧草地」があったとしましょう。個々の牛飼いにとってのメリットは、できるだけ多くの牛を牧草地に放牧することで最大化されます。しかし、他の牛飼いもまたそのように考えてできるだけ多くの牛を放牧すれば、牧草地は短期のうちに荒廃してしまうことになります。

個々の牛飼いは、牧草地が荒廃するのであればなおさらのこと、荒廃する前に最大限のメリットを搾り取ってやろうとするので競争は激化するばかりになります。ハーディンは次のようにまとめます。

> そこに悲劇がある。各自が自らの牛を限りなく増やさざるを得ないシステムに囚われているのだが、その世界には限りがあるのだ。コモンズの自由を信じる社会で銘々が自己の利益の最大化を目指しながら突き進んでゆく先にあるのは破滅でしかない。コモンズにおける自由は全員に破滅をもたらす。[*68]

身もふたもない結論ですが、では私たちはどのようにすればいいのでしょうか。ハーディンの結論は明白で、それは「中央集権化した政府による厳しい指導によって共有地を統制してもらうしかない」ということでした。これは言うまでもなく全体主義に通じるアイデアであり、だからこそハーディン自身も「コモンズに変わる選択肢を考えることもまた恐ろしい」という不吉な言葉で論文を締めくくっています。

さて、このハーディンの指摘を読まれて微妙な違和感を抱いた読者もいるのではないでしょうか？　たとえば、牧草地のたとえで言えば、あなた自身が牛飼いであったとして、自分一人だけができるだけたくさんの牛を牧草地に放牧しよう、などと考えるでしょうか。

おそらく、多くの人は「周りの牛飼いが放している牛の数と同等の数に留めるべきだ」と考えるはずです。なぜなら、そのような利己的な振る舞いをする牛飼いは、やがてコミュニティから疎外されてしまうだろうということがわかっているからです。

この点を詳細に掘り下げ、ハーディンに対して決定的とも言える反論を行ったのが経済学者のエリノア・オストロム[*69]でした。オストロムは1000年以上にわたるコモンズの歴史を網羅して過去のコモンズの成功と失敗の要因について分析した上で、未来のコモンズを成功させるためのカギを提案し、その功績によって2009年に女性初のノーベル経済学賞を受賞しています。

ここでは紙幅の制限もあり、詳細には踏み込みませんが、オストロムの主張を簡単にまとめれば次のようになります。すなわち「動物を放牧する牧草地、漁場、灌漑設備、森林などの共有資源を管理する上で、個人は自らが逼迫《ひっぱく》した状況にあっても、大抵の場合はコミュニティの利益を個人的な利益よりも優先し、また短期的な状況の改善よりも長期的な共有資源の保全を優先する」というもので、本書の枠組みで言えば「本来、コモンズはオールドタイプの思考様式ではなくニュータイプのそれによって支えられてきた」ということです。

決定的なのは、ハーディンが自らの「人間観」に基づいた机上の思考実験の末に「コモンズの悲劇」を指摘したのに対して、オストロムが世界中のコモンズを人類学者のように踏査した上で、観察結果と事実に基づいて反論を主張しているという点です。

この調査をもとにしてオストロムは、コモンズが非常に優れた統治組織であり、本書の冒頭で述べたようなメガトレンドによって変化していく世界において人類が直面する、環境、経済、社会などの諸問題への対応策となりうることを疑いの余地のない形で明白に示しました。

オストロムの主張は、あらゆるコモンズが個人の利得を最大化しようとするオールドタイプによって破綻する運命にあるというハーディンの主張を否定するだけでなく、個人は市場において自分の利得を最大化することを求めるというミクロ経済学が前提にする「人間観」にも大きな疑問を投げかけます。

しかし、考えてみれば、資本主義体制が18世紀に成立してからたったの200年しか継続していないにもかかわらず、さまざまな制度疲労を呈して自壊しかけていることを考えれば、原始時代以来、数千年の長きにわたってコモンズが継続していることを考えれば、私たちはむしろハーディン的な人間観を唱えた啓蒙主義の哲学者や保守的な経済学者が唱える人材モデルに振り回されすぎてきたと考えるべきなのかもしれません。

マラソン化する人生では「シェア」と「ギブ」が成功要因

さて、ここからは少し視点をより個人的な論点に移して考察を進めてみましょう。先述した通り、オールドタイプが独占を目指すのに対して、ニュータイプは共有を目指すわけですが、共有を目指すためには、まず自分の持っているものを差し出すこと、つまり「ギブ&テイク」でいうところの「ギブ」が必要になります。しかし、このような指摘は多くの人にとって大変抵抗感があるでしょう。というのも、なんの見返りも期待できない段階で、自分からギブすれば、単なる「与え損」になってしまうように思われるからです。実際のところはどうなのでしょうか。

ペンシルバニア大学ウォートンスクールの組織心理学者アダム・グラントは、大規模な調査を行い、「まずギブする人=ギバー」と「まずテイクする人=テイカー」とを比較し、中長期的に大きな成功を収めている人は圧倒的にギバーが多いことを明らかにしました。[*70]

一方で、テイカーはどうだったかというと、短期的には評価を獲得するものの、中長期的にはギバーに劣ることがわかったというのですね。これはつまり、100メートル走を走るのならテイカーが有利だけれども、マラソンを走るならギバーが有利だ、ということです。

すでに1章のメガトレンドの項目で説明した通り、私たちの職業人生は長期的な伸長傾向にあり、ますます「マラソン化」が進むことになります。これはつまり、人から奪い、独占しようとするオールドタイプ＝テイカーよりも、人に与え、共有しようとするニュータイプ＝ギバーの方が、ますます有利になる社会がやってくるということです。

さらに重ねて指摘すれば、多くの人が組織の境界を越境して働くようになり、個人に対する評価や信用などの社会資本がブロックチェーンなどの技術によって公共空間に蓄積されることになれば、ある個人の評判はすぐにネットワークを通じて他者と共有されることになります。当然ながら、まず人から奪おうとするテイカーにはそのような評価が付きまとい、ネットワークでの価値は大きく毀損されることになるでしょう。

この点について興味深い示唆を与えてくれるのがミシガン大学の社会学教授、ウェイン・ベイカーらによる研究です。この研究では、従業員にお互いの関係を「非常にエネルギーを奪われる」から「非常にエネルギーを与えられる」までの5段階に分けて評価してもらったところ、できあがったマップは銀河系そっくりになったのです。[*71]

テイカーはブラックホールのように、周囲の人々からエネルギーを吸い取っていました。一方でギバーはまるで太陽のように周囲の人々にエネルギーを注入していたのです。ギバーは活躍の成果を独り占めすることなく、積極的に他者を応援し、仲間が活躍できる機会を作っていました。

このような世界にあって、短期的な独占を求めて他者から奪おうとするテイカーの行動様式はオールドタイプと言うしかありません。一方、ニュータイプはまずギブし、自分の持っているものを他者と共有しようとします。

まとめ

● かつてビジネスの世界では「独占」が「善」とされ、「共有」は共産主義に染まった「悪」のドグマであると考えられてきた。しかし今日では、Airbnbをはじめとして、さまざまな領域で「共有＝シェア」を前提にしたビジネスが大きな富を創出しつつある。

● アダム・グラントらによる研究によれば、よく言われる「ギブ&テイク」のうち、一般的には利得を手にしやすいと考えられるテイカーの利得は、実際には短期的なものに留まる一方で、ギバーは中長期的にはテイカーを上回る利得を手にすることがわかっている。

● グラントによる指摘は、キャリアが長期化し、またさまざまな組織に関わりながら、評判という社会資本を蓄積していくことが求められる現在のような社会においては、テイカーよりもギバーの方が、最終的に得られる利得が大きくなることを示唆している。

● 過去の歴史を見ても、短期的な利得を求めて独占を追求したナポレオンやヒトラーの繁栄はごく短期的なもので終わった一方で、勢力均衡による共存共栄を目指したイギリスは、はるかに長期にわたって繁栄を築くことができた。

＊60 ここでは踏み込まなかったが、スピノザは次の理由でコナトゥスが極めて重要だと考えていた。そもそもこの世に存在しているあらゆる個体は、それぞれがそれ自体として完全性を有している、という前提がある。すでに完全性がある以上、「自己を改変する」よりも、「本来の自己であろうとする」方が重要であり、そのためコナトゥスが重要になる。

＊61 K. M. Eisenhardt and B. N. Tabrizi, "Accelerating Adaptive Processes: Product Innovation in the Global Computer Industry," Administrative Science Quarterly 40(1995): 84-110.

＊62 痛みを知覚し、伝達する神経系（生物学・医学用語で言うところの侵害受容器）は、私たち人間をはじめとしたほとんどの哺乳類には備わっているが、魚類や昆虫などに同様の感覚があるかどうかについてはどうもはっきりしていないらしい。最近の論文を眺めてみると「魚類にはあるが、昆虫にはない」とする考えが優勢のようだ。しかし、そもそも「痛み」という感覚そのものが主観的である以上、他の動物どころか人間のあいだであっても、同じ感覚を共有しているかどうかを確認することは原理的にできない。

＊63 ウィキペディアの「組体操」の項目によると、１９６９～２０１４年度の46年間に延べ９人の死亡事故と92人の後遺障害が確認されており、また１９８３～２０１３年度の31年間に学校の組体操において障害の残った事故は88件発生している。これほどまでに危険性が喧伝されているにもかかわらず、多くの幼稚園・小中学校において相変わらず組体操が廃止されないのはなぜなのか。個人的には全体主義のもとに生徒を支配したいという教師側のエゴが最大の要因だと思っている。

＊64 ララァ・スン（宇宙世紀００６２年?～００７９年12月28日）。アニメ『機動戦士ガンダム』に登場する架空の人物。宇宙世紀００７９年の一年戦争中にシャア・アズナブルによって見出され、フラナガン機関で育てられたニュータイプの少女。ジオン軍少尉。極めて高度なニュータイプ能力を持ち、サイコミュシステムを搭載したモビルアーマー「エルメス」によるオールレンジ攻撃により、宇宙要塞ソロモン攻略戦の後に集結していた地球連邦軍の艦船やモビルスーツを次々と撃破した。

＊65 アマゾンに掲載されている紹介文より転載。日本語訳は筆者による。

＊66 Michael Kanellos, "Gates Taking a Seat in Your Den," CNET, January 5, 2005

＊67 https://stateof.creativecommons.org/

＊68 Garrett Hardian, "The Tragedy of the Commons," Science 162(3859) (December 13, 1968):1244.

＊69 エリノア・オストロム（１９３３年8月7日～２０１２年６月12日）。アメリカ合衆国の政治学者、経済学者。インディアナ大学教授。２００９年10月12日、オリバー・ウィリアムソンとともにノーベル経済学賞を受賞した。女性初のノーベル経済学賞受賞者。

＊70 ちなみにグラントの研究によると、簡単にテイカーを見抜く方法がある。それはフェイスブックのプロフィール写真を見ること。グラントによれば、テイカーの写真はナルシスティックで明らかに実物以上によく見える写真をプロフィールに用いていた。また友達の数が多いのもテイカーの特徴だった。頼みごとをするための人脈をせっせと築いているということらしい。

＊71 https://www.researchgate.net/publication/40966369_What_creates_energy_in_organizations

THE RISE OF NEWTYPE

第7章

ニュータイプの学習力

〉ストック型学習から
フロー型学習へ

リベラルアーツ

オールドタイプ▼サイエンスに依存して管理する
ニュータイプ▼リベラルアーツを活用して構想する

19 常識を相対化して良質な「問い」を生む

ああ、馬鹿ですか。馬鹿にもさまざまな種類の馬鹿があって、
利口なのも馬鹿のうちの余り感心しない一種であるようです。[*72]

——トーマス・マン[*73]

構想力はリベラルアーツで高まる

2章で「問題の希少化」と「イノベーションの停滞」という論点を取り上げ、両者はともに「構想力の減退」という同根に起因していることを指摘しました。

では「構想力」を高めるためには何が必要なのでしょうか？　答えは「リベラルアーツ」ということになります。

サイエンスは「与えられた問題」を解く際に極めて切れ味の鋭い道具となりますが、そもそも

の「問題」を生成するのはあまり得意ではありません。なぜなら先述した通り、「問題」を生成するためには、その前提となる「あるべき姿」を構想することが必要なわけですが、この「あるべき姿」は個人の全人格的な世界観・美意識によって規定されるものだからです。

人がどのように生きるべきか、社会がどのようにあるべきかを規定するのはサイエンスの仕事ではありません。このような営みにはどうしてもリベラルアーツに根ざした人文科学的な思考が必要になります。

私は『世界のエリートはなぜ「美意識」を鍛えるのか？』において、オールドタイプが依拠するサイエンス偏重のマネジメントが、モラルの低下や差別性の喪失といったさまざまな問題を生み出す元凶となっていることを指摘し、これから活躍するニュータイプは美意識や直感といったアート的な側面を重視すると指摘しました。

幸いなことに、この指摘に対しては特に経営者を中心とした方々から大きな反響をいただき、「経営におけるサイエンスとアートのリバランス」という問題はさまざまな場所で議論されるテーマとなりました。

今日に至るサイエンス偏重のきっかけとなったのが、２００８年にウォール・ストリート・ジャーナルが報じたペイスケール社による国際的な報酬調査の結果でした。[*74]

その記事では、いわゆるＳＴＥＭ（Science ＝科学、Technology ＝技術、Engineering ＝工学、Mathematics ＝数学）として括られる理数系学位を得た学生は、総じて給与水準の高い職に恵まれていることがわかった、と報じています。

たとえば新卒入社の「給与中央値」で見ると、トップはマサチューセッツ工科大学（ＭＩＴ）とカリフォルニア工科大学の２校で、報酬の中央値は７万２０００ドルでした。ちなみにこの２校は、中途採用時の初任給中央値でもそれぞれ3位と6位にランクインしています。

この記事がきっかけとなり、さらには近年の人工知能やらビッグデータの騒動も重なったことで「これから食いっぱぐれないのはＳＴＥＭだ」という意見が強まったのがここ数年の風潮だったわけですが、さて、ここまでお読みになられた読者のなかには、最頻値も分散も参照せずに中央値だけを比較して「高い報酬を得たいのならＳＴＥＭ」と結論づけるのはちょっと乱暴だなあ、と感じられた人もいるのではないでしょうか。

その通りで、実はペイスケール社のデータを違う論点から確認してみるとまったく異なる風景が浮かび上がってきます。たとえば、全米で中途採用された人のうち、中央値ではなく「最も高年収で採用された上位10％（同調査では30万ドル以上と設定）」の集団に絞れば、ＭＩＴはやっと11位になって顔を出すに過ぎず、1位から10位までは教養系学部に強みを持つエール大学やダートマス大学といった学校が並んでいることに気づきます。

このような「学校別」のデータに加えて、専攻別についても同様の傾向が見られます。中途採用者の専攻別の給与ランキングの平均値では、確かに全般的にコンピューターサイエンスや化学工学が上位にランクされており、上位20科目にリベラルアーツ系の科目はなかなか見当たりません。

ところが、全米で最も成功している人物、つまり年収の上位10％に当たる人々の専攻科目を見てみると、政治学、哲学、演劇、歴史といったリベラルアーツ系科目が突出して目立つようになります。

以上をまとめると次のようなことが言えます。ＳＴＥＭの学位を得れば、就職時に「人並み以上」の収入を得ることができる公算は確かに強いと言えそうです。就職時、つまり組織でいうところの「スタッフ」として採用されるタイミングであれば、他の「スタッフ」よりも高い報酬を得られる可能性は高いということです。

一方で、突出した高収入者、つまり経営を取り仕切る、あるいは独自の知的・創作活動によって社会にインパクトを与えるような「リーダー」は、リベラルアーツ系の学位を持っている傾向が強いということです。

この事実は、ここ10年ほどのあいだ、教育や政治の世界において言われ続けきた主張とは大きく異なるため、戸惑いを覚える読者もおられるかもしれません。しかし、よく考えてみればこれは当たり前のことなのです。

本書ではすでに「役に立つ」と「意味がある」の2つの効用のうち、「モノ」や「利便性」が過剰になっている先進国においては、「役に立つ」ことよりも「意味がある」ことの方に大きな価値が認められている、という指摘をしました。

あらためて確認すれば、「役に立つ」の軸に沿って目盛りを高めるのはサイエンスの仕事であり、「意味がある」の軸に沿って目盛りを高めるのがアートの仕事です。現在の社会において大きな価値を生み出すのは「役に立つ」よりも「意味がある」なのですから、全米で最も高収入の人々がリベラルアーツ系の学位を持っている傾向が強いというのは、当たり前のことなのです。

リーダーの役割は「問題を設定する」こと

ここで「問題の設定」と「問題の解消」という2つの役割を組織に当てはめて考えてみましょう。

すぐにわかることですが、組織の上層部になればなるほど、仕事の重心は「問題の設定」へと傾斜し、組織の下層部になればなるほど、その比重は「問題の解消」へと傾斜することになります。なぜなら、経営の課題＝アジェンダを設定するのは経営者の仕事であり、経営者が定めたアジェンダを現実に解消していくのは中堅以下スタッフの仕事だからです。

さて、このように考えてみれば、組織の上層部に求められるリテラシーと、組織の下層部に求められるリテラシーにはどのような違いがあるかが理解できます。それはつまり「問題の設定」に大きな比重が置かれる「組織の上層部」にいる人々には、課題を設定するためのリテラシーとしてのリベラルアーツが求められることになる。その一方で、「問題の解消」に大きな比重が置かれる「組織の下層部」にいる人々には、課題を解消するためのリテラシーとしてのサイエンスが求められる、ということです。

そして、そのような要請に応えて実際に人材が配置されているのであれば、先述したペイスケール社の統計の結果、すなわち「スタッフ層で相対的に高い報酬を得られているのはSTEM系学位の保有者だが、最も高給な人々（＝組織や社会のリーダー層）にはリベラルアーツ系学位の保有者が多い」という結果が得られるのは当然だ、ということになります。

しかし、近年に至って、多くの企業では、必ずしもそのような役割分担が機能しなくなっているという実感があります。特にMBAに代表されるような「数値分析」を重視する傾向の強まったここ10年ほどのあいだ、この役割分担が逆転し、「未来を構想する」という最も重大な仕事をほっぽらかしにしたまま、経営者が「問題の解消」にかかりきりになっているというトンチンカンな茶番が多くの企業で演じられているように思います。

このような傾向は、つまるところ人文科学的素養の少ない無教養な経営者と、彼らの手足となって数値分析を回し車のハムスターのように行うMBA卒業生や統計リテラシーを持つ理数系出身者の相思相愛によって発生したものだと考えられます。

これまで受験勉強に代表されるような「正解探し」をずっと続けて出世してきたような経営者は自らの五感をフルに働かせて社会や未来を全体的に把握しようとする知的格闘を恐れ、目の前の事象を単純化したモデルとしてゲームのように捉え、抽象化された断片的なデータを用いて意思決定することで「経営しているような気になってしまう」傾向があります。

このような状態に陥ると本人の世界観は孤立し、社会や顧客や従業員との接点が失われてしまうため、問題や事象を捉えるために他者から与えられた単純な分析データに頼ろうとする傾向が強く現れます。

そこに待ってましたとばかりに現れるのが戦略系コンサルティングファームに代表されるサイエンス重視の人々です。彼らは、数値と分析によって世界は把握可能であると説き、データ分析の報告レポートと高額な請求書を孤立した経営者に対して提出します。

かくして、無教養な経営者とサイエンス重視の参謀スタッフによる「構想なき生産性の向上」への終わりなき行軍が組織に求められ、従業員のモラルとモチベーションを破壊し、コンプライアンス違反が頻発しているというのが現在の日本の大企業の状況です。

しかし、先述した通り「正解のコモディティ化」が進み、「役に立つ」市場における最終戦争が間近に控えている現在、サイエンスだけに頼って経営の舵取りをするオールドタイプのスタイルは完全に時代遅れになりつつあります。

本書ではすでに「問題を設定するニュータイプ」と「問題を解消するオールドタイプ」という対比について説明しましたが、この対比はそのまま「リベラルアーツを使うニュータイプ」と「サイエンスだけに依存するオールドタイプ」という対比へと接続されることになります。

武器としてのリベラルアーツ——目の前の枠組みを疑う技術

さてここまで、オールドタイプがサイエンスに依拠して「目に見える問題の解消」だけに関わろうとするのに対して、ニュータイプはリベラルアーツに軸足を置いて未来を構想する、ということを説明してきたわけですが、なかには「なぜリベラルアーツが未来を構想するのに役に立つのか」と訝しく思う方がいるかもしれません。

結論から言えば、リベラルアーツというのは、私たちが「当たり前だ」と感じていることを相対化し、問題を浮き上がらせるためにとても役に立つのです。

この問題を考えるにあたって、一つ読者の皆さんに質問をしましょう。それは「なぜ金利はプラスなのか？」という問いです。おそらく多くの人は「お金の借り手は、貸し手が失った機会分の費用を負担しなければならない」とお答えになるでしょう。確かに、現代を生きる私たちにとって「金利はプラスである」ということは常識となっています。

しかし、これは現代にしか通用しない常識です。たとえば、中世ヨーロッパや古代エジプトではマイナス金利の経済システムが採用されていた時期が長く続きました。マイナス金利の社会では現金を持っていることは損になり、なるべく早期に、できるだけ長く価値を生むことになるモノと交換するのがいい、ということになります。

では、最も長い期間にわたって価値を生み出し続けるものはなんでしょうか？　そう、宗教施設と公共インフラです。このような考え方のもとに推進されたのがナイル川の灌漑事業であり、中世ヨーロッパでの大聖堂の建築でした。

この投資が、前者は肥沃なナイル川一帯の耕作につながってエジプト文明の発展を支え、後者は世界中からの巡礼者を集めて欧州全体の経済活性化や道路インフラの整備につながっていったわけです。

私たちが当たり前の前提として置いている常識の数々は、実は常識でもなんでもない、「今、ここ」でしか通用しない局所的・局時的な習慣に過ぎないのだ、ということを忘れてはなりません。

リベラルアーツを、社会人として身につけるべき教養、といった薄っぺらいニュアンスで捉えている人がいますが、これはとてももったいないことです。リベラルアーツのリベラルとは自由という意味であり、アートとは技術のことです。したがってリベラルアーツとは「自由になるための技術」ということになります。

では、ここでいう「自由」とはなんのことでしょうか？　もともとの語源は新約聖書のヨハネ福音書の8章31節にあるイエスの言葉、「真理はあなたを自由にする」から来ています。

「真理」とは読んで字の通り、「真の理（＝ことわり）」です。時間を経ても、場所が変わっても変わらない、普遍的で永続的な理（＝ことわり）が「真理」であり、それを知ることによって人々は、その場所だけで支配的な物事を見る枠組みから自由になれる、と言っているのです。そのとき、その場所だけで支配的な物事を見る枠組み、それはたとえば「金利はプラスである」という思い込みです。

つまり、目の前の世界において常識として通用して誰もが疑問を感じることなく信じ切っている前提や枠組みを、一度引いた立場で相対化してみる、つまり「問う・疑う」ための技術がリベラルアーツの真髄ということになります。

しかし一方で、すべての「当たり前」について疑っていたら日常生活は成り立ちません。どうして信号は青がススメで赤がトマレなのか、どうしてサヨナラのときには頭ではなく手を振るのか……いちいちこんなことを考えていれば日常生活は破綻してしまうでしょう。ここに、よく言われる「常識を疑え」という陳腐なメッセージのアサハカさがあります。

つまり、常識を疑うのはとてもコストがかかる、ということです。一方で、目の前の常識について問い、疑うことをやめてしまえば未来を構想することはできません。

結論から言えば、このパラドックスを解くカギは一つしかありません。つまり、重要なのは、よく言われるような、のべつまくなしに「常識を疑う」という態度ではなく、「見送っていい常識」と「疑うべき常識」を見極める選球眼を持つ、ということです。そしてこの選球眼を与えてくれるのがまさにリベラルアーツということになります。

リベラルアーツというレンズを通して目の前の世界を眺めることで、世界を相対化し、普遍性がより低いところを浮き上がらせる。スティーブ・ジョブズは、カリグラフィーの美しさを知っていたからこそ「なぜ、コンピューターフォントはこんなにも醜いのか?」という問いを持つことができました。あるいはチェ・ゲバラはプラトンが示す理想国家を知っていたからこそ「なぜキューバの状況はこれほどまでに悲惨なのか」という問いを持つことができました。

目の前の世界を「そういうものだから仕方がない」と受け止めてあきらめるのではなく、比較相対化する。そうすることで浮かび上がってくる「普遍性のなさ」にこそ疑うべき常識があり、リベラルアーツはそれを映し出すレンズとして最もシャープな解像度をもっているということです。

分断する社会で「領域横断の武器」となる

リベラルアーツはまた、専門領域の分断化が進む現代社会のなかで、それらの領域をつないで全体性を回復させるための武器ともなります。

テクノロジーはどうしても必然的に専門化を要請します。(中略)もし教養という概念を科学的知識のスペシャリゼーションというものと対立的に考えれば、勝負は見えていると思う。それは教養の側の敗北でしかない。しかし教養というものは、専門領域の間を動くときに、つまり境界をクロスオーバーするときに、自由で柔軟な運動、精神の運動を可能にします。専門化が進めば進むほど、専門の

境界を越えて動くことのできる精神の能力が大事になってくる。その能力を与える唯一のものが、教養なのです。だからこそ科学的な知識と技術・教育が進めば進むほど、教養が必要になってくるわけです。

——加藤周一他『教養の再生のために』

「専門領域を自由に横断するためには教養＝リベラルアーツが必要だ」という加藤周一のこの指摘が、そのままニュータイプにとっての要件であることに気づきますか。

居心地のいい領域のタコ壺にこもって専門家としての権威を盾にして安寧にプライドを守ろうとするオールドタイプに対して、ニュータイプは、異なる専門領域のあいだを行き来し、その領域のなかでヤドカリのように閉じこもっているオールドタイプの領域専門家を共通の目的のために駆動させるのです。

仕事の場において、「自分はその道の専門家ではない」という引け目から、「なにか変だな」と思っているにもかかわらず領域専門家に口出しすることを躊躇してしまうということは誰にでもあることでしょう。

しかし、専門領域について口出ししないという、このごく当たり前の遠慮が、世界全体の進歩を大きく阻害しているということを私たちは決して忘れてはなりません。

先述した通り、東海道新幹線を開発する際、鉄道エンジニアが長いこと解決できなかった車台振動の問題を解決したのは、その道の素人であった航空エンジニアでした。このとき「自分は専門家ではないから」と遠慮して、解決策のアイデアを提案していなかったらどうなっていたでしょうか。

世界の進歩の多くが、門外漢の素人によるアイデアによってなされています。米国の科学史家でパラダイムシフトという言葉の生みの親になったトーマス・クーンはその著書『科学革命の構造』の中で、パラダイムシフトは多くの場合「その領域に入って日が浅いか、あるいはとても若いか」のどちらかであると指摘しています。

専門領域を自由に横断しながら、必ずしも該博な知識がない問題についても、全体性の観点に立って考えるべきことを考え、言うべきことを言うための基礎的な武器としてリベラルアーツがあるのだということです。

まとめ

- 構想力を高めるためにはリベラルアーツが必要。サイエンスは与えられた問題を解く際に極めて切れ味の鋭い道具となるが、そもそもの「問いを設定する」ことは得意ではない。
- 組織の上層部が担う仕事が「問題の設定」であり、組織の下層部が担う仕事が「問題の解消」であることを考えれば、ペイスケール社の調査結果は当然と言える。しかし、ここ10年ほどはこの関係が壊れ、組織の上層部が「問題の解消」にかかりきりになっているという状況が、多くの企業で見られる。

●このような状況に陥ると、組織からビジョンや存在意義は失われ、経営はひたすらに矮小化したKPIと生産性を求めるだけのものになり、従業員は疲弊し、モラルは低下、コンプライアンス違反が続出することになる。

●リベラルアーツを学ぶことで、自分の中に時間軸・空間軸で目の前の常識を相対化するリテラシーを持つことができる。この「常識への違和感」が、誰も気づいていない新しい問題の提起へとつながることになる。

気づき

オールドタイプ▼要約し、理解する
ニュータイプ▼傾聴し、共感する

20 「他者」を自分を変えるきっかけにする

いわゆる頭のいい人は、言わば足の早い旅人のようなものである。人より先に人のまだ行かない所へ行き着くこともできる代わりに、途中の道ばたあるいはちょっとしたわき道にある肝心なものを見落とす恐れがある。[*75]

——寺田寅彦[*76]

「容易にわかる」ことで新しい発見を失っている

世界がどんどん曖昧で複雑で予測不可能になることで、私たちの「わかる」という感覚もまた揺さぶられることになります。

私たちは過去の経験に基づいて形成されたパターン認識能力によって目の前の現実を整理し、理解しようとします。しかし、ますます「VUCA化していく社会」において、短兵急にモノゴトを単純化して理解しようとすれば、すでに変化してしまった現実に対して、過去に形成されたパターンを当てはめて、本来は「わからない」はずの問題を、さも「わかった」ように感じてしまい、現実に対して的外れな対応をしてしまう可能性があります。

特に20世紀の後半においては、要素還元的にモノゴトを単純化して要領よく対処するというオールドタイプの行動様式が「有能さの証」だとされてきたため、いわゆる「優秀な人」とされている人ほど、このミスを犯しがちになります。しかし、千変万化の止まることがないVUCAな世界において、過去に学習したパターンを当てはめて短兵急に「ああ、あれね。わかってる」と考えたがる性癖は大きな誤謬につながる恐れがあります。

なぜオールドタイプが、すぐに「わかった」と言いたがるかというと、そうすれば評価されるということを経験的に知っているからです。現在の社会では「飲み込みが早い」とか「物わかりがいい」といったことを無批判に礼賛する傾向があり、オールドタイプはまさにこの傾向を一種のバイアスとして利用しているわけです。

特にこういうタイプがたくさん生息しているのが、筆者が長らく関わってきたコンサルティングの業界です。この業界の人々には特有の口癖がいくつかありますが、なかでも「要するに○○ってことでしょ」という口癖は、その筆頭といえるものです。

コンサルタントは、物事を一般化してパターン認識することで「アタマが良いね」と褒められるのが大好きな人種ですから、人の話を聞くと、最後にこのように「まとめたい欲」を抑えることがなかなかできません。

しかし、相手の話の要点を抽出し、一般化してすぐにまとめようというオールドタイプの行動様式は、現在のように環境変化の早い状況では、2つの観点で問題があります。

まず、対話という場面において、話し手が一生懸命にいろいろな説明を交えて説明したのちに、最後に相手から単純化されて「要は〇〇ってことでしょ」と言われれば、たとえそれが要領を得たものであったとしても、何か消化不良のような、あるいは何か大事なものがこぼれ落ちてしまったような感じがするものです。

私たちが日常的に用いている「言語」はとても目の粗いコミュニケーションツールです。したがって、私たちは、自分の知っていることを100%言語化して他者に伝えることが原理的にできません。つまり「言葉」によるコミュニケーションでは、常に「大事な何か」がダラダラとこぼれ落ちている可能性がある、ということです。

20世紀に活躍したハンガリー出身の物理学者・社会学者であるマイケル・ポランニー[*77]は「我々は、自分が語れること以上にずっと多くのことを知っている」と言い表しています。今日では、この「語れること以上の知識」を私たちは「暗黙知」という概念で日常的に用いていますが、言葉によるコミュニケーションでは常に、この「こぼれ落ち」が発生していることを忘れてはなりません。

「要するに」は、パターンに当てはめるだけの最も浅い理解

さて、話を元に戻せば、この「要するに〇〇ってことでしょ」という聞き方には当の聞き手にとっても問題があります。なぜなら、過去に形成されたパターンに当てはめて短兵急に理解したつもりになってしまうことで、新たなものの見方を獲得したり、世界観を拡大したりする機会を制限してしまうことになるからです。

変化の激しい今日のような時代にあって、このような行動様式は学習を阻害するものであり、まさにオールドタイプのパラダイムと断じるしかありません。

私たちは、無意識レベルにおいて、心の中で「メンタルモデル」を形成します。メンタルモデルというのは、私たち一人一人が心の中に持っている「世界を見る枠組み」のことです。そして、現実の外的世界から五感を通じて知覚した情報は、そのメンタルモデルで理解できる形にフィルタリング・歪曲された上で受け取られます。

「要するに〇〇でしょ」というまとめ方は、相手から聞いた話を自分の持っているメンタルモデルに当てはめて理解しているに過ぎません。しかし、そのような聞き方ばかりしていては、「自分が変わる」契機は得られません。

MITのオットー・シャーマーが提唱した「U理論」においては、人とのコミュニケーション

における聞き方の深さに関して、４つのレベルがあると説明されています。

レベル１　自分の枠内の視点で考える
新しい情報を過去の思い込みの中に流し込む。将来が過去の延長上にあれば有効だが、そうでない場合、状況は壊滅的に悪化する

レベル２　視点が自分と周辺の境界にある
事実を客観的に認識できる。未来が過去の延長上にある場合は有効だが、そうでない場合は本質的な問題にたどり着けず対症療法のモグラ叩きとなる

レベル３　自分の外に視点がある
顧客の感情を、顧客が日常使っている言葉で表現できるほど一体化する。相手とビジネス取引以上の関係を築ける

レベル４　自由な視点
何か大きなものとつながった感覚を得る。理論の積み上げではなく、今まで生きてきた体験、知識が全部つながるような知覚をする

これら4段階のコミュニケーションレベルのうち、「要するに○○でしょ」とまとめるというのは、最も浅い聞き方である「レベル1：ダウンローディング」に過ぎないということがわかります。

このような聞き方では、聞き手はこれまでの枠組みから脱する機会を得ることができません。より深いコミュニケーションによって、相手との対話から深い気づきや創造的な発見・生成を起こすには、「要するに○○だ」とパターン認識し、自分の知っている過去のデータと照合することは戒めないといけないのです。

容易に「わかる」ことは、過去の知覚の枠組みを累積的に補強するだけの効果しかありません。本当に自分が変わり、成長するためには、安易に「わかった」と思わず、相手の言っていることを傾聴し、共感することが必要になります。

「わからなさ」の重要性――他者は気づきの契機である

自分を変えるきっかけになるのは「わからない」という状況です。この「わからなさ」の重要性を「他者」という概念を軸足にして、生涯にわたって考察し続けたのが、20世紀に活躍した哲学者のエマニュエル・レヴィナスでした。

レヴィナスのいう「他者」とは、文字通りの「自分以外の人」という意味ではなく「わからない者、理解できない者」という意味です。なぜ、そのような「他者」が重要なのでしょうか。レヴィナスの答えは非常にシンプルです。それは、「他者とは『気づき』の契機である」というものです。

自分の視点から世界を理解しても、それは「他者」による世界の理解とは異なっている。このとき、他者の見方を「お前は間違っている」と否定することもできます。実際に人類の悲劇の多くは、そのような「自分は正しく、自分の言説を理解しない他者は間違っている」という断定のゆえに引き起こされています。

このとき、自分と世界の見方を異にする「他者」を、学びや気づきの契機にすることで、私たちは今までの自分とは異なる世界の見方を獲得できる可能性があります。

インターネットが登場したことで「世界が小さくなった」と、よく言われますね。確かに、それまで往復に数カ月かかることもあった外国との郵便文書が、送信ボタンをクリックすれば一瞬で届く電子メールに取って代わられたことを考えれば、確かに物理世界についてはそのように表現できるかもしれません。

しかし、私たちの心象風景に映写される精神世界は、本当に縮まっているのでしょうか？

自分と似たような教育を受け、自分と似たような政治的態度をもち、自分と似たような経済的水準にある人たちばかりとつるみ、お互いの意見や行動に対して「いいね！」を乱発し続けるようなオールドタイプの行動様式は、私たちの精神世界を「わかりあえる者たち」だけの閉じたものにし、その外側にいる「わかりあえない者たち」を断絶する、あるいはそもそも「存在しないこと」にしてしまう可能性があります。つまり、インターネットが登場したことで、むしろ私たちは「孤立化・分散化」する恐れがある、ということです。

民主主義は、自分とは違う立場の人がいる、自分とは違う政治的態度の人がいる、ということを認識し、受け入れることで初めて成立します。もし、インターネットの登場によって、自分と同じような人だけでどんどん凝り固まって孤立化していくような社会が生まれることになれば、それは間違いなく民主主義の危機を招くことになります。

インターネットは民主主義を強固にすると能天気に考えている人が多いようですが、インターネットという新しいテクノロジーが、オールドタイプの行動様式と結び付けば、それはむしろ民主主義の根底を危うくするものです。

残念ながら、これはすでにアメリカ・ヨーロッパ・日本において顕著に進行している事態ですが、もしこのようなトレンドがこのまま進むことになれば、私たちはインターネット登場以前よりもはるかに「隔絶した世界」を生きることになります。

しかし、現在の世界はますます価値観が多様化しており、また多くの人が生涯にさまざまな組織やコミュニティと関わって生きていかねばならなくなっています。

このような時代にあって、自分と価値観のフィットする「わかりあえる者」たちだけでコミュニケーションをループさせ、その外側にいる人々を「わからない」と切り捨てることは、私たちの人生から豊かな「学びの契機」を奪い去ることになります。

私たちには短兵急に「わかる」ことを求めるのではなく、逆に排他的に「わからない」と切り捨てるわけでもなく、じっくりと他者の声に耳を傾け、共感するというニュータイプの行動様式が求められています。

まとめ

- 急激な変化が進むＶＵＣＡな世界において、過去に習得したパターン認識を当てはめて短兵急に「わかったつもり」になるオールドタイプの思考様式を続けていれば、時代の大きな変化を示す予兆を見逃してしまう可能性がある。
- このような世界にあっては、自分の枠組みにインプットされた情報を当てはめて理解するようなオールドタイプの「浅い聞き方」から、枠組みに囚われず、自分の全体と相手の全体を知覚しながら傾聴するニュータイプの「深い聞き方」へとシフトする必要がある。
- 価値観の多様化が進み、またさまざまな組織やコミュニティと関わって生きていかざるを得ない現代においては、「わからない者」を排除し、「わかりあえる者」だけとつるんで生きていくことは、貴重な「学びの機会」を遠ざけてしまうことになる。
- 「わからない」ものを「わからない」として排除するのもまたオールドタイプの行動様式と言

える。そのようにして「わからない」ものを排除してしまえば、世界は「わかりあえる者」だけで構成された島宇宙に分断されてしまうことになる。

●ニュータイプは、短兵急に「わかった」つもりになるのではなく、また「わからない」と排除するのでもなく、他者の声に耳を傾け、共感することで、新しい気づきの契機を作り、その契機からの学びを活かして成長し続ける。

アンラーン

オールドタイプ▼経験に頼ってマウントする
ニュータイプ▼経験をリセットし、学習し続ける

21 苦労して身につけたパターン認識を書き換える

高い年齢に達した老人が、長い間生きていたことを証明する証拠として、年の功以外に何も持っていない例がよくある。[*78]

——セネカ[*79]

パターン認識による「経験」は不良資産化する

これまで、私たちは「経験量の多寡」を、その人物の優秀さを定義する重要な尺度として用いてきました。しかし、これからは「経験量の多寡」が、そのまま有能さを表す指標にはならない時代がやってきます。

近い将来、「豊富な経験を持ち、その経験に頼ろうとする人材」はオールドタイプとして価値を失っていく一方で、「経験に頼らず、新しい状況から学習する」人材がニュータイプとして高

く評価されることになるでしょう。

なぜそんなことが起きうるのでしょうか？　環境変化によって経験の価値がリセットされてしまうからです。経験によってある個人のパフォーマンスが高まるのは、経験によってその人のパターン認識能力が高まるからです。

未経験の事態に対処する場合、その人はゼロベースで情報を集め、それらを論理的に組み合わせるか、あるいはその人なりの直感に基づいて試行錯誤しながら対処しようとします。もちろん対処の結果として、「うまくいく場合」もあれば「うまくいかない場合」もあるわけですが、このような経験を長いこと蓄積していくと、やがて過去に経験したのと同種の状況に直面することになります。このとき、その人は、その事態に初めて直面した人よりも、高い確率で「より良い対処」ができるようになります。

なぜなら、その人の中に「このような状況では、どのように対処するとうまくいくか、あるいはいかないか」というパターン認識が形成されているからです。このようなパターン認識を数多く持っている人であれば、相対的に少ないパターン認識しか持っていない人と比較して、さまざまな状況へ的確に対応する能力が高くなることは容易に理解できるでしょう。

その典型例が経営学です。経営学というのは極論すれば、経営における状況と対処のパターンを数多く疑似的に経験するための学問です。だからこそＭＢＡという学位は、その個人が持っている「経営上のさまざまな状況や問題に対応するパターン認識の能力」を保証するものとなり、労働市場において高い評価につながったわけです。

しかし、環境変化が速くなると、このようなパターン認識の能力は、価値を減殺させることになります。いや、価値を減殺させるどころか、むしろ足かせのように、個人の状況への適応力を破壊することにもなりかねません。

たとえばかつての日本では、土地という資産を担保にしながら、資産にレバレッジをかけて大胆な資金調達を行い、アグレッシブに事業を拡大させるというのが、一つの「成功パターン」とされていました。

土地の値段は第二次世界大戦後、一度として低下したことがなく、最も安定的で利回りの高い投資と考えられていました。だからこそ、多くの企業はバランスシートを安定させるために固定資産としての土地に投資し、それを担保にして相対的にリスクの高い事業投資を行っていました。

しかし、1990年代の前半にバブル景気が終焉を迎えると、この「成功パターン」は、その戦略を採用する組織にとって、悪夢のような足かせとなって経営を縛ることになりました。

つまり、「上昇し続ける土地の価格」という前提が崩れてしまったときに、それまでの経験によって裏打ちされてきた戦略の勝ちパターンは、むしろ彼らの意思決定を徹底的に誤らせる要因になってしまったのです。

流動性知能と結晶性知能——知能と年齢の関係を示す驚きの研究

ＶＵＣＡ化が進む世界において「経験の無価値化」が進行すれば、組織内における「経験者」の発言力・影響力は弱まることになります。その結果、組織における意思決定のあり方もまた変化することを余儀なくされます。

目前の問題を解決したいとき、採用できるアプローチには次の３つがあります。

ランダム　**直感によってピンとくる解を求め、意思決定する**

ヒューリスティック　**経験則に基づいていい線をいく解を求め、意思決定する**

オプティマル　**事実と論理に基づいて最適解を求め、意思決定する**

これを経営学者のヘンリー・ミンツバーグが提唱する経営の３要素、つまり**「アート」「クラフト」「サイエンス」**に対応させれば、直感や勘を用いる「ランダム」は「アート」に、手間をかけずに「まあまあいい線」を狙う答えを求める「ヒューリスティック」は「クラフト」に、分析と論理によって最適解を求めようという「オプティマル」は「サイエンス」に、それぞれ該当することになります。

このうち、過去に類似した事例があるのであれば、経験に基づくヒューリスティックは有効なアプローチだったかもしれませんが、向き合う問題が未曾有のものになると、このアプローチはうまく機能しません。

そうなると「アート」か「サイエンス」の出番ということになるわけですが、容易に想像できるように、この2つをどれくらいうまく使いこなせるかは、年齢とあまり関係がありません。というより、むしろ「大胆な直感」や「緻密な分析・論理」というのは、全般的に年齢の若い人の方が得意だということがわかっています。

知性と年齢の関係についてはさまざまな研究がありますが、ここでは代表的なものとしてキャテルの**「流動性知能」**と**「結晶性知能」**の枠組みを引いてみましょう。

流動性知能とは、推論、思考、暗記、計算などの、いわゆる受験に用いられる知能のことです。先ほどの枠組みを用いて説明すれば、流動性知能というのは、分析と論理に基づいて問題解決をする際に用いられる類いの知能だということになります。

一方の結晶性知能とは、知識や知恵、経験知、判断力など、経験とともに蓄積される知能のことを言います。つまり、先ほどの枠組みを用いて説明すれば、経験則や蓄積した知識に基づいて問題解決をする際に用いられる類いの知能だということになります。

さて、ここが重要な点なのですが、2つの知能ではピークを発揮する年齢が大きく異なります。図16にあるように、流動性知能のピークは20歳前後にあり、加齢とともに大きく減衰していくこ

図16 知性と年齢の相関関係

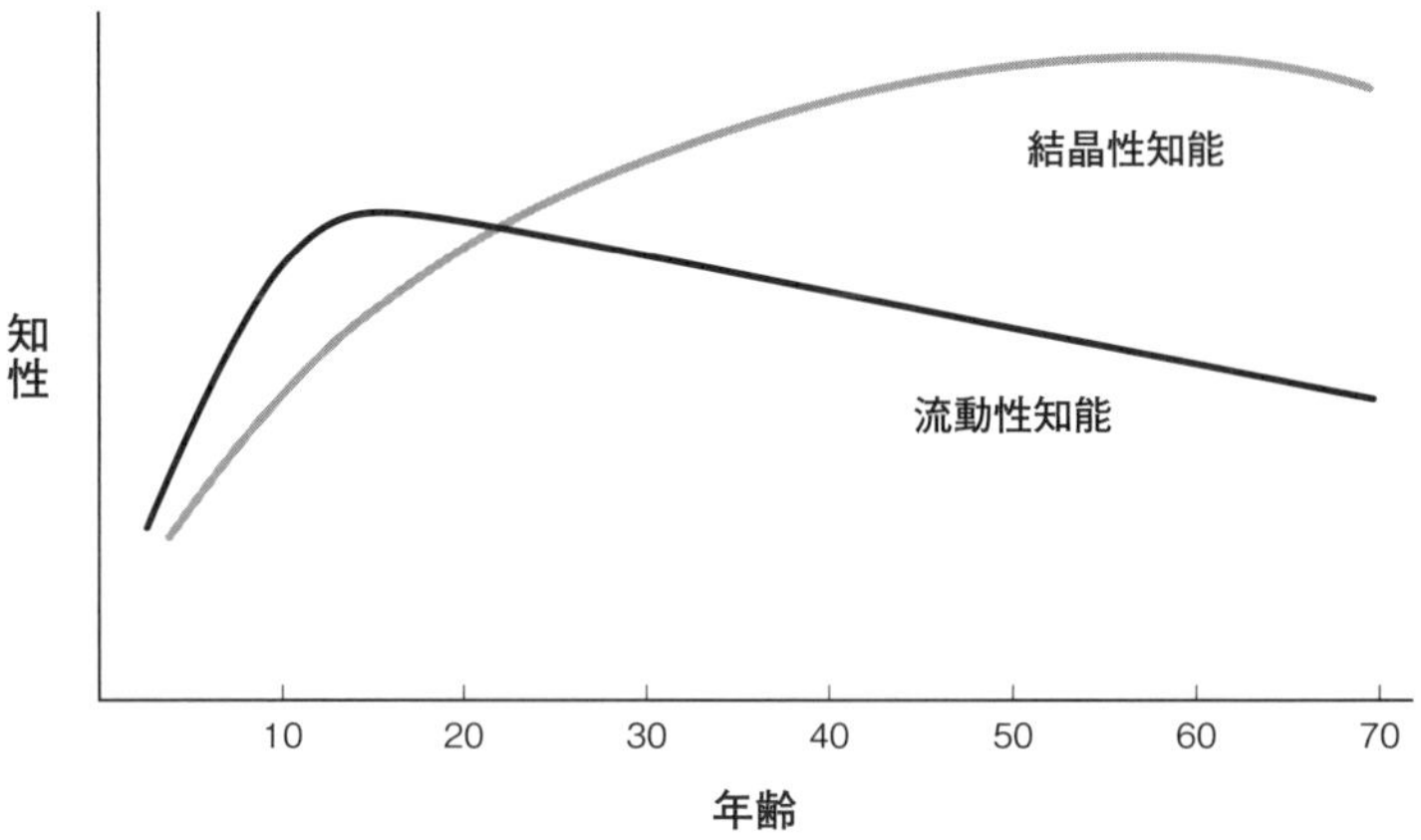

Horn JL, et al. Acta Psychol(Amst). 1967;26(2):107-29.
Baltes PB, et al. American Psychologist, 2000 Jan; 55(1):122-36.)

とになります。一方の結晶性知能は成人後も高まり続け、60歳前後でピークを迎えることになります。

これが、かつての「定常社会」において、60歳前後の長老が大きな発言権を持ち、皆から尊敬を集めた理由です。そのような社会においては、未曾有の新しい問題については流動性知能に優れる若者たちが向き合い、分析や論理などのアプローチが通用しない複雑な問題については、過去の経験知を蓄積した長老が向き合うという形で役割分担し、組織やコミュニティを維持していたのでしょう。

しかし、現在の社会は極めて変化が速く、10年もすれば大きく環境が変わってしまう世の中になっています。このような時代にあっては、これまでのように蓄積した経験に依存し続けようとするのはオールドタイプの行動様式と言うしかありません。

カギは速習ではなく「古い学びのリセット」

経験の価値があっという間に減殺されるという時代において、経験に置換される重要な人材要件となるのが学習機敏性＝ラーニングアジリティです。

最近では組織開発や人材育成の場においてラーニングアジリティが重要な論点として取り上げられることが増えてきたように思いますが、議論を横で聞いていると概念が混乱して用いられているケースがままあるように思います。

ラーニングアジリティはもちろん「学習」に関する概念ですが、単に「学習が速い」という要件以上のものを含んでいます。それは何かというと「リセットできる」ということです。経験がその人のパフォーマンスを高めるのは、学習によってパターン認識の能力が高まるからだ、ということは先ほど指摘しました。ラーニングアジリティというのは、単に「速く学習する」ということではなく、すでに学習して身につけたパターンを一旦リセットできる、ということなのです。

ここが非常にトリッキーなところで「ラーニング＝学習」と聞けば、私たちはすぐに「何かを覚える」ことだと考えてしまいがちですが、ラーニングアジリティには「何かを忘れる」という要件が大きく含まれています。

新しい何かを学習するためには、その対象と何らかの齟齬やコンフリクトを起こす古い何かを捨てなければなりません。しかし、人間にはこれがなかなかできないのです。なぜかというと学習にはストレスという投資が伴うからです。

学習のプロセスは「具体的経験」から始まります。失敗にせよ成功にせよ、何らかの具体的エピソードがあって初めて学習のプロセスが起動されることになる。自転車に転ばずに乗れるようになった人はいませんし、転ばずにスキーをマスターした人もいません。

つまり、学習の多くは「失敗」という体験に基づいているということであり、多くの人は、失敗=ストレスという代償を支払った末にパターン認識という能力を獲得しているのです。

ここに「リセット」の難しさが潜んでいます。

1つ目が、少なくない代償を支払って獲得したパターン認識を手放したくないという心理圧力、いわゆる「埋没コストのバイアス」がかかる、という点です。埋没コストというのは、すでに支払ってしまい、この後どのように意思決定しても取り返せないコストのことです。どうやっても取り返せないのですから、この後最も利得の大きい判断をすればいいだけなのですが、多くの人はそのように判断できず、代償を支払ったものを維持し続けようとしてしまいます。

2つ目が、同じストレスを味わいたくない、という回避衝動が働くという点です。失敗を繰り返してパターン認識を獲得した人に対して「そのパターンはもう役に立たないよ」と伝えてもなかなか書き換えができません。なぜなら、同じ失敗をしてしまうのではないかという恐れがあるからです。

たとえばＰＴＳＤ（心的外傷後ストレス障害）は、そのような「書き換え」の難しさを示す疾病と言えます。ＰＴＳＤというのは、命に関わるような危険で悲惨な出来事を体験したり目撃したりしたのちに、フラッシュバックや悪夢にうなされる症状を指す疾病ですが、これは一種の学習障害と考えることができます。

過去の悲惨な思い出が拭えないというのは、すでに安全な状況になっているにもかかわらず「もう安全だ」という再学習が阻害されている状況だと考えられるからです。

このように考えてみると、なぜ既存企業が新興産業の多くでパフォーマンスを発揮できていないかがよくわかると思います。大きな環境変化が起こる際に、それまでの経験が無価値になるどころか、かえって意思決定や行動のクオリティを極めて劣弱なものにするという現象は、特にデジタル世界において多く見られる現象です。

ＧＡＦＡと総称されるデジタル世界の覇者、すなわちGoogle、Amazon、Facebook、Appleのことを考えてみれば、彼らが事業を開始した時点では、むしろ「経験量の少ない新参者」であったことを忘れてはなりません。検索エンジンについては数多くの先行事業者がありましたし、書籍を販売している事業者も、携帯電話を製造している事業者も、たくさん存在していました。

ところが、それらの先行事業者、つまりＧＡＦＡよりもはるかに経験量を積み重ねていた事業者のほとんどは、大きなデジタルシフトを乗り越えることができず、歴史の泡と消えていくことになりました。経験も知識も人材も豊富に有していたはずのそれらの先行事業者は、なぜ勝者となれなかったのでしょうか？　理由は実にシンプルで、まさに彼らが蓄積していた経験と知識によって、彼らは敗者となったのです。

このような時代にあって、過去の経験と知識に基づいて目の前の世界を理解しようとするオールドタイプは急速に価値を減殺させる一方で、目の前の状況を虚心坦懐に観察し、ラーニングアジリティを発揮して、過去に蓄積した経験と知識をアップデートし続けるニュータイプが大きな価値を創出することになるでしょう。

まとめ

- これまで「経験量の多寡」は、その人物の優秀さを定義する重要な尺度として用いられてきた。しかし「社会のＶＵＣＡ化」が進行することに伴って「経験の不良資産化」が進むことで「経験」への評価も大きく変わることになる。
- このような世界にあって、経験を蓄積し、蓄積した経験に依存しようとするオールドタイプが価値を失っていく一方で、新しい環境から迅速に学習し、自分の経験をアンラーンしていくニュータイプが大きな価値を創出していくことになる。
- 意思決定のスタイルには「ランダム」「ヒューリスティック」「オプティマル」の３種類があるが、経験値に大きく依存するヒューリスティックは、環境変化によって相対的に価値が低下する恐れがある。

●知性には、分析や論理などの情報処理能力に基づく「流動性知能」と、蓄積した経験則に基づく「結晶性知能」の2つがある。当然のことながら、環境変化が激しい世界においては結晶性知能の価値は相対的に低下することになる。

●このような世界にあって、蓄積した経験に依存し続けるオールドタイプの行動様式はリスクが大きい。今後は、環境に応じて自分の学びをアップデートするというラーニングアジリティを持つニュータイプが活躍することになる。

＊72 トーマス・マン『魔の山』より。

＊73 パウル・トーマス・マン（1875年6月6日〜1955年8月12日）は、ドイツの小説家。代表作は『ブッデンブローク家の人々』。

＊74 http://online.wsj.com/public/resources/documents/info-Degrees_that_Pay_you_Back-sort.html

＊75 寺田寅彦『科学者のあたま』より。

＊76 寺田寅彦（1878年11月28日〜1935年12月31日）。日本の物理学者、随筆家、俳人。

＊77 ハンガリー出身のユダヤ系物理化学者・社会科学者・科学哲学者。言語化できない知識としての「暗黙知」の概念を提示した。

＊78 セネカ『心の平静について』より。

＊79 ルキウス・アンナエウス・セネカ（紀元前1年頃〜65年4月）ユリウス・クラウディウス朝時代（紀元前27年〜紀元後68年）のローマ帝国の政治家、哲学者、詩人。第5代ローマ皇帝ネロの幼少期の家庭教師として知られ、また治世初期にはブレーンとして支えた。ストア派哲学者としても著名で、多くの悲劇・著作を記し、ラテン文学の白銀期を代表する人物と位置付けられる。

THE RISE OF
NEWTYPE

第8章

ニュータイプの組織マネジメント

〉権力型マネジメントから
対話型マネジメントへ

オールドタイプ▼空気を読み、同調し、忖度する
ニュータイプ▼オピニオンを出し、エグジットする

22「モビリティ」を高めて劣化した組織を淘汰する

脅威やリスクを見て見ぬふりをし、対立を避け、誰とでも仲よくしようとするのは、行きつくところ「滅びの哲学」にほかなりません。[*80]

――中西輝政[*81]

権力を握ったオールドタイプのモラル崩壊が止まらない

これまで、組織やコミュニティにおける重大な意思決定は、その組織やコミュニティにおいて「最も経験豊富な人々」によって担われることが通例でした。

しかし、VUCA化する社会が進み「経験の無価値化」が起きれば、この「経験豊富な年長者による意思決定」という慣例は、必ずしも組織の意思決定の品質を担保することにはなりません。

いや、むしろ、組織の意思決定の品質を壊滅的に毀損する可能性があります。

特に昨今では、美意識も倫理観も持たない年長者＝劣化したオールドタイプが権力を握ってしまったことで暴走に歯止めがかからない、という状況がさまざまな組織で起きています。当然のことながら、このような年長者に自分が所属する組織の舵取りを任せておけば、自分の人生そのものが危機にさらされることになります。では、どのようにすればいいでしょうか？

ここでカギになってくるのが、組織の中堅以下の層にいる人々、いわゆる「若手」と言われる人々による**「オピニオン」**と**「エグジット」**です。社会や組織で実権を握っている権力者に対して是正の圧力をかけるとき、この「オピニオン」と「エグジット」が大きな武器となります。

オピニオンというのは、おかしいと思うことについてはおかしいと意見をするということであり、エグジットというのは、聞き分けのないオールドタイプの権力者のもとから脱出する、ということです。このように指摘すると何やら不穏に響くかもしれませんが、これはなにも珍しいことではなく、多くの人が日常生活の中でやっていることです。

たとえば商品を購入して何か問題があれば、クレームという形でオピニオンを出しますし、それでも改まらなければ買うのをやめる、取引関係を中止するという形でエグジットをしますね。これは株主にしても同様で、経営陣のやり方に文句があれば株主総会で意見を言い、それでも改まらなければ株式を売却することでエグジットできます。

つまり、企業を取り巻くステークホルダーのうち、顧客と株主については、オピニオンとエグジットを行使するための仕組みや法律がきちんと整備されているということです。なぜこれが整備されているかというと、きちんと監視してフィードバックするという仕組みがうまく機能しないと、社会が回らないからです。

さて、顧客や株主についてはオピニオンを出し、場合によってはエグジットするということが仕組みとして担保されている一方で、そういった仕組みが整備されていないのが従業員だということになります。もちろん、明示的に「オピニオンを出してはいけない」などと掲げている組織はないわけですが、実際のところはどうかといえば「オピニオンを歓迎しない」ということを半ば公然と表明しているリーダーも少なくありません。

このようなリーダーに対して同調し、権力のおこぼれにあずかろうとするのは典型的なオールドタイプの行動様式であり、このようなオールドタイプによって組織のモラル崩壊がどんどん進行している、というのが現在の状況です。

ニュータイプはオピニオンとエグジットを用いる

一方で、ニュータイプはおかしいと思うことにはオピニオンを出して反論し、受け入れられないことが度重なれば組織をエグジットします。このような行動様式は確かに一時的には不利益をこうむることにつながることが往々にしてありますが、中長期的に見れば利益の方が大きいということをニュータイプは知っているからです。

たとえば、自分が所属している組織が自分の価値観に照らして許容できないことをやろうとしているというとき、本人は大きなストレスを抱えることになります。このストレスを解消するためには、組織に変わってもらうか、自分を変えるかの、2つしかありません。

このとき、多くの人は「自分を変える」というオプションを取ってしまうわけですが、そんなことをし続けていればやがて思考力は衰退し、倫理感は麻痺し、最終的には自分自身がオールドタイプに堕することになります。

昨今の日本において頻発している不祥事や偽装は、このような「人格を崩壊させたオールドタイプたち」によって主導されているわけですが、彼らの職業人生とその末路を想えば「哀れ」としか言いようがありません。

人格を崩壊させてまで組織にしがみついてキャリアを全うしたとして、そのような職業人生が幸福なものだったと考える人は世界に一人もいないでしょう。短期的な利益のためにオピニオンもエグジットも封じてきた彼らは、最終的に「取り返しのつかない」状況に自分の人生を追い込んでしまったということです。

自分が所属するシステムが機能不全に陥れば、自分の身もまた安泰ではいられません。つまり、オピニオンとエグジットという圧力をかけてシステムに対してストレスを与えるのは、とりもなおさず、自分自身の利得に最終的には跳ね返ってくる、ということです。

システムを健全に機能・発展させるには適時・適切なフィードバックが不可欠です。スリーマイル島原発事故では、複合的・連鎖的に進展する事故の状況に対して、情報を処理するコンピューターの処理能力が間に合わず、適時・適切なフィードバックが不可能になったことで、最終的にメルトダウンという事態にまで発展してしまいました。

人間もまた、環境から得た情報を処理して環境に働きかけるというシステムだと考えられますから、このシステムのパフォーマンスを向上させるためには、より良いフィードバックが非常に重要だということになります。そして、オピニオンやエグジットというのは、最もわかりやすく、有効なフィードバックだということです。

小さなオピニオンが世界を変える

さてここまで読まれた読者のなかには、発言力も影響力も持たない自分のような立場にある人間がオピニオンを出したところで何も状況は変わらないよ、と思った方がいるかもしれません。

オピニオンを出して組織や社会を変革できるのは、すでにリーダーシップを発揮する立場にある経営者や政治家であって、自分にそんなことができるわけがないという考え方、つまり「世界を変えるのは大きなリーダーシップだ」という考え方です。しかし、このような考え方は、2つの点から完全に間違っています。順に説明しましょう。

まず1点目の理由として指摘したいのは、過去の歴史を振り返る限り、世界が良い方向に大きく変わるきっかけとなったのは、意外にも「小さなリーダーシップの集積」であることが少なくないからです。[*82]

たとえば米国の公民権運動のきっかけになったのは、先述した通り、たった一人の若い黒人女性＝ローザ・パークスが、バスの白人優先席を空けるように命じられた際、これを断って投獄されたという小さな事件、いわゆる「バス・ボイコット事件」がきっかけになっています。

ローザは当時工場に勤める女工さんで、別に公民権運動の活動家だったわけではありません。この事件も、革命を起こそうとか運動を主導しようといった意図があったわけではなく、ただ単に「白人用の席から立て」と言われたときに理不尽だと感じたので、オピニオンを出して反論し、指示に従わなかったということでしかありません。

つまり、ここで発揮されているのはごくごく小さなリーダーシップでしかないということです。しかし、その小さなオピニオンがきっかけとなって、やがて世界の歴史そのものを変えていくような大きなうねりになって全米の運動につながっていくことになります。

サイエンスライターのマーク・ブキャナンは、著書『歴史は「べき乗則」で動く』の中で第一次世界大戦勃発の原因となったオーストリア皇太子の暗殺が、皇太子を乗せた自動車の運転手の道間違いによって発生しているという事例を取り上げて、歴史というのはパワーを持つ権力者による「大きなリーダーシップ」よりも、どこかで毎日行われているようなちょっとした行為や発言などの「小さなリーダーシップ」がきっかけになって大きく流れを変えるという、カオス理論で言及されるところのバタフライ効果について論じています。

このローザ・パークスの話は、もしかしたら、私たち個人が持っている道徳観や価値観に基づいたオピニオンやエグジットが、100年後の世界のありようを「それがなかったとき」とは大きく変えることになるかもしれないということを示唆しています。

小さなパワーを集めやすい時代

次に「世界を良い方向に変化させるのは大きなパワーだ」という考え方が、完全に間違っていると指摘する2つ目の理由を挙げましょう。

今日、ローザ・パークスが発揮したような「小さなリーダーシップ」を集積するためのツールがどんどん整備されつつあります。

それをまざまざと感じさせてくれたのが、一連の「MeToo」ムーブメントでした。簡単におさらいすれば、MeToo ムーブメントとは、性的な被害を受けたにもかかわらず、泣き寝入りしていた女性たちによる「私も被害を受けた」という告発の全世界的なムーブメントです。

きっかけとなったのはハリウッドの大物プロデューサー、ハーヴェイ・ワインスタインへの告発でした。告発を受けるまで、ワインスタインは文字通り、ハリウッドの「王者」としての権力をほしいままにしていました。プロデュース作品が300回以上もアカデミー賞候補にノミネートされ、アカデミー賞授賞式では30回以上もスピーチをしています。

このように巨大な影響力を持っていたワインスタインは、その力を行使して放埓《ほうらつ》の限りを尽くし、女優への性的暴行やハラスメントを繰り返していましたが、被害を受けた女性たちはハリウッドでの居場所を失うことに恐怖し、泣き寝入りするしかありませんでした。

システムの内部に大きな権力をつくったワインスタインも、ワインスタインに対して批判的な行動を起こさなかった取り巻きの連中も、「大きなパワーを求め、依存する」という典型的なオールドタイプの行動様式を発揮していたわけです。

しかし、最終的に彼らは、スモールパワーを集積させたムーブメントに敗北することになりました。ワインスタインを告発するニュースが報道された数日後、女優のアリッサ・ミラノは、セクハラや性的暴行を受けた女性に対して「#MeToo」というハッシュタグを使って自分の被害を告白しようと呼びかけます。

この呼びかけに多くの女性が反応し、大きなうねりとなって世界を席巻します。フランスでは加害者の実名が挙げられて糾弾され、イタリアでは被害体験を告白するツイートが相次ぎます。これらのムーブメントを受けて、アメリカ連邦議会の女性議員たちは男性議員から受けたセクシャルハラスメントを告白し、イギリスではハラスメント疑惑を受けたマイケル・ファロン国防相が辞任に追い込まれます。

かつては泣き寝入りするしかなかった弱い立場にある人々が、テクノロジーを用いてつながることで「大きなパワー」に対抗する力を持ったのです。

私たちは、ローマ時代から連綿と続いてきた巨大な権力が終焉を迎えつつあるという歴史的な瞬間に立ち会っている可能性があります。ベネズエラの産業大臣を務めた後に著作家として世界的な名声を獲得したモイセス・ナイムは、著書である『権力の終焉』において、私たちがまさにそのような時代を生きているのだと主張しています。

ナイムによれば、巨大な権力は、3つのM、すなわちMore、Mobility、Mentalityによって不可逆な衰退のプロセスにあります。彼はこれら3つの動きをいずれも「革命＝Revolution」と呼んでいます。それぞれについて簡単に紹介してみましょう。

「More」は主として「物質的豊かさの向上」を意味しています。よく知られている通り、21世紀に入って以降、世界の貧困層は減少傾向にある一方で、中間層が台頭しつつあります。中間層が台頭すると独裁政権は成り立ちにくくなります。

トマス・フリードマンは『レクサスとオリーブの木』において、「マクドナルドのある国同士は戦争をしない」と指摘しましたが、これは「マクドナルドの店舗が経営的に成立する水準まで中間層が勃興した国では、戦争を遂行できるだけの権力集中が不可能になる」ということを受けての指摘でした。

次に「Mobility」は、主として「物理的な機動性＝移動しやすさ」を意味しています。20世紀後半から、ある権力が支配する国やコミュニティから、別の権力が支配する国やコミュニティへと移動するための手段やネットワークが増加したことで、一種の「支配権力の自然淘汰」が発生し、結果として特定領域における権力の実効性が低下しつつあることを指しています。たとえば、いわゆる「フィンテック」によって、移民ないし一時的に外国に滞在して労働する人々からの国境を越えた送金が容易になったことなどは典型と言えます。安価で安全な送金サービスは「Mobility」を発揮するためには不可欠になるからです。

最後に**「Mentality」**は、主として「私たちの権力に対する意識の変化」を意味しています。これは「MeToo」ムーブメントなどによって、「パワーを持たない私たちでも社会にインパクトを与えることができる」と考え、行動を起こした人が増えていることからもうかがわれることです。

確かに、かつてはその人が持っている地位と、その人が行使できる発言力や影響力には強い相関がありました。しかし、社会構造とテクノロジーの変化によって、今まさに、そのような状況に大きな変化が起きつつある、ということです。

昨今、日本ではさまざまな企業によるコンプライアンス違反が続出しています。この現象は一般的には「日本企業のモラル低下」を示していると考えられがちですが、ことはそう単純ではありません。

もしかしたら、今まで隠蔽されて闇に葬られてきた数々の不祥事が、多くの「無名の人」たちによってリークされるようになったことで表面化してきた、と考えることもできるからです。筆者個人はおそらく後者の可能性の方が高いだろうと考えています。

このような時代にあって「発言力も影響力もない自分がオピニオンを上げることに意味はない」と考え、言うべきことを言わず、その場の空気に同調して忖度するのはオールドタイプのパラダイムと断ずるしかありません。

一方でニュータイプは、自分の美意識に照らして「おかしいと思うこと」については「おかしい」と声を出し、それが受け入れられなければモビリティを発揮してエグジットすることで、権力者や組織に対して圧力をかけ続けるのです。

まとめ

- VUCA化によって経験の無価値化が進む世界にあって、これまで大きな意思決定権限を与えられてきた「経験豊富な年長者」に意思決定を依存し続けるリスクが高まっている。
- このような時代にあって、忖度と忠誠によって劣化した年長者から権力のおこぼれにあずかろうとするオールドタイプが増加すれば、組織の意思決定品質の劣化は止まらず、モラルは崩壊し、組織のパフォーマンスは低下することになる。
- 組織内の意思決定品質を高い水準に保つためには、年長者に対してオピニオンを出し、場合によってエグジットを行使するニュータイプが必要になる。
- ニュータイプは、組織の外で通用するスキルや知識などの人的資本を蓄積し、また組織の外で評判や信用などの社会資本を蓄積することでモビリティを高める。ニュータイプが自分のポジションリスクを気にせずに年長者に対してオピニオンを出し、エグジットというオプションを行使可能なのは、この人的資本・社会資本に裏打ちされた「モビリティ」があるからである。

●ニュータイプが増加し、美意識に基づいてオピニオンを出し、受け入れられなければエグジットする人が増えると、いわゆるブラック企業に代表される反社会的な組織は存続できなくなる。

上司と部下

オールドタイプ▼肩書きや立場に応じて、振る舞いを変える
ニュータイプ▼肩書きや立場に関係なく、フラットに振る舞う

23 権威ではなく「問題意識」で行動する

誰がそういったか、をたずねないで、
いわれていることは何か、に心を用いなさい。

——トマス・ア・ケンピス『キリストにならいて』

経験の量で意思決定することのリスク

「経験の無価値化」という問題はまた、組織におけるヒエラルキーの崩壊をもたらすことになります。

私たちのほとんどが所属している企業組織は、マックス・ヴェーバー[*83]が定義するところの官僚型組織になります。官僚型組織とは、オペレーションのルールと意思決定権限が規定され、ルールの範囲内であれば自分で判断してオペレーションを実施し、ルールで判断できない例外的な事

象については、上司に相談して判断を仰ぐというシステムで運営される組織を指します。

したがって、私たちの多くが所属している企業組織の運営では、ルールで処理できない例外的な事例であればあるほど、組織の上層部に上がっていくということになり、最終的に最も「例外の度合い」が高い案件が最高経営責任者のところにいくことになります。

この組織モデルでは通常、経験豊富な年長者が組織の上層部を占めて大きな意思決定の権限を持つ一方で、相対的に経験年数の少ない若手は組織の下層に位置し、また意思決定の権限も小さくなります。

実際の組織分析のデータもこれを裏付けており、たとえば2006年にデータ分析の専門家であるアビナッシュ・カウシクとロニー・コハビは、ほとんどの企業で主流となっている意思決定の仕組みを分析し、そのスタイルを「ヒッポ＝Hippo」と名付けました。[*84]「Hippo」とはすなわち「一番給料の高い人の意見＝Highest-Paid Person's Opinion」の略で、カバのことではありません。

しかし、VUCA化する世界において経験の価値はどんどん目減りしていくことになります。そのような世界にあって「経験・知識の量」と「意思決定の権限」を相関させ、ヒッポのシステムを採用するオールドタイプの意思決定スタイルを継続していくことは、極めてリスクが大きいと言わざるを得ません。

なぜなら、状況の不確実性が高まれば高まるほど、そこに関わる人がフラットな関係でコミュニケーションをすることが必須になるからです。これをわかりやすく示しているのが航空機における事故統計です。

なぜ機長の事故率は副操縦士よりも高いのか？

通常、旅客機では機長と副操縦士が職務を分担してフライトします。もちろん、一般的には操縦技術や状況判断能力の面で機長の方が副操縦士より格段に優れています。しかし、過去の航空機事故の統計を確認すれば、副操縦士が操縦桿を握っているときよりも、機長自身が操縦桿を握っているときの方が、はるかに墜落事故が起こりやすいことがわかっています。

これは一体どういうことなのでしょうか？　本来、技量も判断能力もより高いレベルにある機長が操縦桿を握っているときにこそ事故は起きやすいという事実は、人を困惑させます。

この謎は、コクピットを「最小の組織」と考えてみることで解くことができます。つまり、パイロット個人のパフォーマンスではなく、コクピットという「組織のパフォーマンス」は、どのような状態で最適化されるのか、という視点です。

コクピット内で、よりクオリティの高い意思決定を行おうとした場合、お互いの行動や判断に対してお互いがチェックし、もしそこに問題があるようであれば異議を唱えるということが必要となります。

この場合、副操縦士が操縦桿を握っている場合、上役である機長が副操縦士の行動や判断に対してそうすることはごく自然にできることだと考えられます。つまり、副操縦士が操縦桿を握っている場合、動いている「腕」は1人分かもしれませんが、働いている「脳みそ」は2人分になるということです。

一方、逆のケースではどうでしょうか？　機長が操縦桿を握っている際、目下である副操縦士は機長の行動や判断に対して異議を唱えられるでしょうか？　もし、思うところがあったとしてもそれを口に出して具申できなければ、動いている「腕」も「脳みそ」も1人分でしかないということになってしまいます。これでは、わざわざ「組織」で仕事をしている意味がありません。

「上司に反論しにくい度合い」＝権力格差指標

オランダの心理学者ヘールト・ホフステードは、ＩＢＭから委託され「目上の年長者に反論しにくい度合い」を調査し、これを数値化して権力格差指標＝ＰＤＩ（Power Distance Index）と定義しました。

ホフステードは、もともとマーストリヒトにあるリンブルフ大学の組織人類学および国際経営論の研究者でした。１９６０年代初頭において、すでに国民文化および組織文化の研究の第一人者として国際的に著名だったホフステードは、ＩＢＭからの依頼を受けて１９６７年から

図17 先進国の権力格差指標

国	PDI
フランス	68
香港	68
台湾	60
ギリシア	60
韓国	58
日本	54
イタリア	50
アメリカ	40
オランダ	38
旧西ドイツ	35
イギリス	35
スイス	34
デンマーク	18

ホフステードによるPDI(Power Distance Index)の調査より作成
http://clearlycultural.com/geert-hofstede-cultural-dimensions/power-distance-index/

1973年の6年間にわたって研究プロジェクトを実施し、その結果ＩＢＭの各国のオフィスにおいて管理職と部下の仕事の仕方やコミュニケーションが大きく異なること、それが知的生産に大きな影響を与えていることを発見しました。

ホフステードは権力の格差を「それぞれの国の制度や組織において、権力の弱い成員が、権力が不平等に分布している状態を予期し、受け入れている程度」と定義しています。

たとえば、イギリスのような権力格差の小さい国では、人々のあいだの不平等は最小限度に抑えられる傾向にあり、権限分散の傾向が強く、部下は上司が意思決定を行う前に相談されることを期待し、特権やステータスシンボルといったものはあまり見受けられません。

一方で、権力格差の大きい国では、人々のあいだに不平等があることはむしろ望ましいと考えられており、権力弱者が支配者に依存する傾向が強く、中央集権化が進みます。

権力格差の違いは職場における上司・部下の関係性のあり方に大きく作用することになります。

ホフステードによれば、先進国の権力格差指標は図17のようになっており、想像に難くないことですが、やはり日本のスコアは相対的に上位に位置しています。

ホフステードは、権力格差指標の高い国では「上司に異論を唱えることを尻込みしている社員の様子がしばしば観察されており」、「権力格差の大きい国では、（中略）部下にとって上司は近づきがたく、面と向かって反対意見を述べることは、ほとんどありえない」と同書の中で指摘しています。

パニック映画が教える日本人の行動特性

この数字をワークショップや講演などで示すと「違和感がある」と反論されることがあります。自分たちを取り巻く「空気の色」を比較しているようなものなので、なかなか実感としてつかむのが難しいということでしょうが、この「空気」を客体化して示してくれるのが各国で製作されているパニック映画です。

パニック映画にはさまざまな傑作がありますが、非常に興味深いことに、それらのすべては

「未曾有の大問題が起き、それが解決される」というプロットで共通しています。つまり「こんなとき、あなたならどうしますか?」という思考実験が壮大な映像になっているわけですから、必然的に各国のパニック映画には、その国ならではの「問題に向き合うエートス=行動特性」が表れることになります。

たとえば、アメリカのパニック映画を見てみると、未曾有の問題が発生した際に、それに対してリーダーシップを発揮するのは中央=コアにいる人ではなく、周辺=フリンジにいる人が多い。

たとえばスティーブン・スピルバーグの出世作である『ジョーズ』では、最終的にジョーズを退治するのは街の権力者ではなく田舎刑事ですし、『ダイ・ハード』でも、テロ撃退のために呼ばれたFBIの対テロ専門部隊は無能ぶりを発揮するだけで、事件を解決するのはこれまた田舎刑事です。

ある意味ではワンパターンとも言えるわけですが、つまり、どれも「未曾有の大事件が起きるが、力を発揮するべきコアが無能なため、フリンジが立ち上がって事件を解決する」というのが共通するプロットの骨子となっているわけです。このプロットには「コアに依存するな、権力を持たないオマエが自分から動け」という一種の批判性があるわけですね。

しかし日本ではこのプロットが真逆になります。たとえば日本のパニック映画と言えばまずは『ゴジラ』ということになりますが、ゴジラを退治する芹沢博士は政府筋から依頼を受けて出動するわけで、コアとリーダーシップが直接接続される構造が見られます。

他にも、たとえば小松左京の『日本沈没』では大地震の到来を予言した物理学者と日本政府がタッグを組んで国民を救うというシナリオになっていて、やはりここでも「リーダー」と「コア」は屈折せずに一直線につながっている構造になっています。

つまり、日本のパニック映画では、「お上」はいつも正しく、パワーがあり、困ったときには助けてくれる存在として描かれている、ということです。

厳密にはパニック映画ではありませんが、１９６０年代からなんと50年以上にもわたってテレビ放映され続けている『水戸黄門』なども、そのような「困ったときには偉くて立派な人が助けてくれる」という心性が投影された物語だといえます。

リーダーシップは本来「権威」から生まれない

私たち日本人は明治維新の際、近代市民社会の理想を掲げて身分差別制度を撤廃したわけですが、それから１５０年以上を経たにもかかわらず、いまだに権力の象徴である「三葉葵の印籠」に一般市民が土下座するような映像を見てはしゃいでいるわけです。

メディアアーティストの落合陽一氏は「日本人はカーストに向いている」[*85]と言っていますが、この指摘は本当に鋭いと思います。

ここで先ほど、権力格差指標の高い文化圏についてホフステードが残した記述を確認してみましょう。ホフステードは、権力格差指標の大きい国では「人々のあいだに不平等があることはむしろ望ましいと考えられており、権力弱者が支配者に依存する傾向が強く、中央集権化が進む」と指摘しています。

ホフステードのこの指摘と、『ゴジラ』をはじめとした日本のパニック映画に見られるハリウッド映画との構造的な差異は、日本をはじめとした権力格差指標の高い文化圏では、権力と対峙するかたちでのリーダーシップが生まれにくいということを示唆しています。

我々日本人は「権威」と「リーダーシップ」を一体のものとして認識してしまうという奇妙な性癖を持っています。しかし、蓄積した経験や知識が急速に減損する「VUCA化する世界」にあって、このオールドタイプの思考様式を維持し続ければ、私たちの組織は滅亡への行軍を繰り返すことになりかねません。

そもそもリーダーシップは本来、権威によって生まれるものではありません。それは問題意識によって生まれるものです。

日本企業の組織診断を行っていると「自分には権限がないので」ということを口にする中間管理職がよくいるのですが、ではその人は権限を手に入れたら何かを始めるのでしょうか？　筆者はそうは思いません。今日、自分の判断で動き出さない人は、明日、権力を手に入れたとしてもやはり動き出さないでしょう。

先述したように、ハリウッド映画でリーダーシップを発揮することになる登場人物は大きな権限を持っていない組織の下層に位置する人たちでした。この人たちは、自らの権限を超え、問題意識や危機意識に突き動かされて、止むに止まれず、どうしようもなくなってリーダーシップを発揮してしまうわけです。

しかし、考えてみれば、これは過去の歴史において偉大なリーダーシップを発揮した人々、たとえばイエス・キリストやマーティン・ルーサー・キングJr、マハトマ・ガンジーなどを見ても同じです。

彼らは組織の中で権威を持つ地位にあった人々ではありません。ただ、自らの問題意識に基づいて世界に向けて耳を澄まし、目をこらし、手を差し伸べ続けたのです。これこそが今後求められる、ニュータイプの思考・行動様式と言えます。

まとめ

- 知識・経験が急速に無価値化する「VUCA化する世界」においては、上位職ほど権限が大きく、例外的な事象に対して意思決定を行うという従来のヒエラルキーの構造は実質的に意味を失いつつある。
- 著述家のモイセス・ナイムが指摘している通り、現在は「権力の終焉」という大きな時代プロセスの中にある。このような時代にあって、権力に依存する、あるいは権力を求めるオールドタイプのパラダイムは時代遅れになりつつある。

●機長が操縦しているときの方が、副操縦士が操縦しているときよりも事故が起きやすいという統計の結果は、どんなに判断力に優れたリーダーであっても、たとえ力量が劣ったとしても仲間と議論をしながら行う意思決定の方が、単独で行う意思決定よりも優れたものになることを示唆している。

●オランダのヘールト・ホフステードによれば、日本の権力格差は相対的にプロテスタント諸国よりも高く、組織の下層から上層に向けて、反対意見や提案がされにくい組織風土となっている。これは組織の意思決定品質を考える上で大きなハンディとなる。

●日本人は「権威がなんとかしてくれる」と考える傾向が強いが、権威は常に正しい判断をして状況を救ってくれると考えるオールドタイプの思考様式は、特にＶＵＣＡ化する世界においては極めてリスクが大きい。このような時代に適応するニュータイプは、権威に頼らず、自ら問題意識を持ち、人に働きかけていく。

資本主義の脱構築

オールドタイプ▼システムに無批判に最適化する
ニュータイプ▼システムを批判し、修正する

24 システムに耽溺せず脚本をしたたかに書き換える

もし私たちのことを「夢想家のようだ」と言うのなら、あるいは「救いがたい理想主義者」だと言うのなら、あるいは「できもしないことばかり考えている」と言うのなら、何千回でも答えよう。「その通りだ」と。

——エルネスト・チェ・ゲバラ*86

目の前のゲームに埋没する人々——ますます強固になる残酷な社会システム

今この瞬間の社会のありようを前提にして、そのなかでいかに功利的に動けばゲームに勝てるか、という問題意識に現代人の多くは囚われすぎているように思います。

社会や組織のありようについて、その是非を問うことなく「世の中とはそういうものだ」と割り切った上で、システムを改変するのではなく、自分自身をシステムに最適化してゲームに勝つ、

ということに血道を上げる人があまりにも多い。

そのような努力の末に、めでたく高額の収入と他者からの嫉妬や羨望を勝ち取る人がいるのも事実でしょう。そして、そのような「勝ち組」といわれる人を見て「彼らと同じような努力をすれば、自分も同じようになれる」と考えるナイーブな人々がごまんといて、これが一種の「市場」として成立している側面があります。

しかし、このような「システムに対して無批判に最適化して美味しい立場を得ようとする」オールドタイプのパラダイムには大きな問題が2つあります。

1つ目は、現在の社会システムに適応して成功した人々を模倣し続ければ、現在の問題ある社会システムはますます強固で動かし難いものとして存続してしまう、ということです。

たとえば、アメリカをはじめとして、現在の先進国では貧富の格差の拡大が深刻な社会問題となりつつあります。生み出された富が極端に偏在している、というのはもちろんシステムの機能不全によって発生している状況ですが、この状況に対して多くの人は「このように残酷な社会だからこそ、自分は拡大する『貧富』の格差のうち、『富』の側に入れるように頑張ろう」と考えて行動してしまいがちです。

しかし、実際にその努力が実って巨額の収入を得ることになれば、それはますます「貧富の格差」を拡大・延長することになり、問題はより大きく、強く根を張ることになります。

昨今では、高度な教育を受けたエリートの中にすら「この残酷な社会でどのように勝ち残っていくか」などという視座の低い論点を立てている人が見られますが、そもそも「残酷な社会」など誰も望んでいません。

もし私たちの社会が「残酷な社会」なのであるとすれば、教育を受けたエリートが本当に考えなければいけないのは「残酷な社会でどう勝つか」などという卑賤な論点ではなく、そもそも「なぜ私たちの社会は残酷なのか」「どうすれば柔和で公平な社会ができるのか」という論点であるべきでしょう。

オールドタイプは過剰最適化問題を起こす——価値なき富はいずれ蒸発する

さて、ダメなシステムに自分を最適化させるというオールドタイプの問題点として2つ目に指摘したいのが、システムはどんどん変化するので、過度の最適化はいずれ必ず適合不全を起こすということです。

これまでの世界においてうまく機能した戦い方が、ある日突然まったく通用しなくなってしまう、ということはいつ起きてもおかしくありません。

近年での典型事例はリーマンショックでしょう。2000年代の初頭、名門ビジネススクール卒業生の3分の1は投資銀行の門を叩き、「バラ色の人生＝La Vie en Rose」ともいうべき華々しいキャリアを築こうとしました。

しかし「初年度のボーナスが数千万円になる」という状況は唐突に終わりを告げ、世界のありようは変化してしまいました。変化する前の、いわば「旧世界のありよう」に最適化するべくスキルと知識を積み重ねてきた多くの人は、いわば「世界に裏切られ」て、野に放り出されてしまったわけです。システムに過剰に最適化しようとするオールドタイプは今後、さまざまな領域で不適合の問題に直面することになります。

先述した通り、社会全体が役割分担をして生み出した富が一部の人にだけ極端に偏在している、というのはシステムの機能不全によって発生しています。オールドタイプは「価値よりも貨幣」を求めて仕事を選びますから、この機能不全を利用して「美味しいポジション」に場所を得ようとします。

一方、ニュータイプは「貨幣より価値」を求めて仕事を選び、システムの機能不全を修正するために運動します。そして、ニュータイプによる運動が功を奏してシステムの修正がなされると、機能不全によって発生していた富の偏在は是正され、結果としてオールドタイプが巣くっていた「美味しいポジション」は唐突に蒸発することになります。

ではオールドタイプはその後、どうするのでしょうか？　おそらく結論は「どうしようもない」ということでしょう。だってそもそも「価値を生む」ことをやってこなかったのですから。

なぜ「資本主義の脱構築」が必要なのか

このように指摘すると、ニュータイプが、いわゆる「資本主義」をはじめとした社会システムを全否定する、と訴えているように思われるかもしれません。

確かに、本書で指摘してきた「意味の枯渇」や「モノの飽和」という状況に資本主義というシステムが大きく関わっていることは間違いありません。資本主義というシステムにこそ問題の根本原因がある、という考えはマルクス以来、非常に根強いモノがあります。

しかし、筆者としては、資本主義を全否定したところで仕方がないだろう、とも考えています。たとえば、かつての共産主義運動は、そのような考え方、つまり不毛で不健全な資本主義を「何か他のものに置き換える」ことを目的にした運動だったわけですが、壮大な社会実験を通じて、結局は「ダメなシステム」を他の「もっとダメなシステム」に置き換えただけに過ぎなかったことが明らかになりました。

このような考え方、つまり「これがダメだからアレに変えよう」という「代替＝オルタナティブ」の考え方は、対象となるシステムに悪化の真因を求め、それを別のシステムに切り替えることで解決しようという考え方で、大変安易で手軽ではありますが、結局は問題の根本を解決できません。

筆者自身は、システムを無批判に受け入れることについてはもちろん批判的ですが、だからといって問題の原因をすべてシステムに帰させ、これを他のものに代替すれば問題は解決するという考え方にも否定的です。

ここは非常に重要な点なのですが誤解されやすいので注意してください。現在のシステムに耽溺して最適化することを目指すのがオールドタイプだとすれば、現在のシステムを全否定して新しいものに変えようとする人こそがニュータイプなのだと思われるかもしれません。

しかし、それはまったくの誤解です。両者はまったく対極の関係にあるように思えるかもしれませんが、「システムが『主』で人間が『従』という枠組み」が世界観の基底をなしているという点でまったく同じなのです。

共産主義の失敗は、そのような「資本主義というシステムがダメなので、別のシステムに切り替えよう」という考え方の行き着く先がディストピアでしかなかった、ということを証明していますし、同様のことは60年代のアメリカ西海岸で花開いたヒッピームーブメントやコミューン運動などについても言えます。

これらの運動は、当時ますます支配力を強めつつあった物質主義・欲望肯定に対するアンチテーゼとして盛り上がったわけですが、ただ単に「資本主義イヤだ」と騒ぐだけで「じゃあどうすればいいの?」という問いに対するビジョンを結局は提示できませんでした。

郊外のロックフェスに集まってマリファナを吸いながら「愛と平和」について歌っても、結局のところは何も変わらず、やがてそのムーブメントそのものが、ロック産業やファッション産業という形で資本主義を駆動するための強力な部品として組み込まれ、その精神の洗礼を受けた創業者がつくり出した西海岸発の企業は時価総額世界一の会社となってアメリカ資本主義の強度を世界に示しました。

現在の私たちが直面している状況を「システムの問題」として処理することはできません。多くの人はいまだに「どんなシステムにリプレースすれば、問題が解決するのか」という論点を掲げて議論していますが、どんなシステムを用いたとしても、その中で生きていく人間が変わらなければ、そのシステムが豊かさをもたらすことはない、ということでしょう。

重要なのは「システムと人間との関係性のあり方」を問う、ということなのです。システムだけを改変すれば問題は解決する、というのも典型的なオールドタイプのパラダイムです。

耽落もせず、脱落もしない——この世界の脚本をどう書き換えるか？

20世紀前半に活躍したドイツの哲学者マルティン・ハイデガー[*87]は「世界劇場」という概念を通じて、現存在＝我々の本質と、我々が社会において果たしている役柄は異なっていると考えました。

舞台で演じる役柄のことを心理学ではペルソナといいます。ペルソナというのはもともと仮面というラテン語です。実際の自分とは異なる仮面を身につけて、与えられた役柄を演じる。英語では人のことを「person」、人格のことを「personality」といいますが、この言葉はもともとペルソナからきています。

そして、すべての人は世界劇場において役割を演ずるために世界という舞台に放り出されています。これをハイデガーは「企投」と呼びました。そして企投された人々が、世界劇場における役柄に埋没していくことを耽落＝Verfallenと名付けました。

ここで問題になってくるのは「現存在と役柄の区別」です。多くの人は、世界劇場で役柄を演じている耽落した自分と、本来の自分を区別することができません。カッコいい役柄をもらっている人は、役柄ではなく自らの現存在を「カッコいい」と考え、ショボい端役をもらっている人は、役柄ではなく自らの現存在を「ショボい」と考えてしまいます。

そして、当たり前のことながら主役級の役柄をもらっている人はごく少数に過ぎません。多くの人はショボい端役を与えられた大根役者として世界劇場の舞台に立つことになり、役柄を演じるのにオロオロと四苦八苦しています。一方で、役になり切って高らかに歌い踊る主役級の人々に嫉妬と羨望の混ざりあった複雑な感情を抱くか、その真逆に「ああはなりたくないよね」といった態度を取ってしまったりするわけです。

結局のところ、両者はルサンチマンに絡め取られて正常な思考ができなくなっているという点では同じであり、本質的に役に耽溺して自己満足しているオールドタイプと変わりません。

さて先述した通り、この世界劇場で演じられている劇にはいろんな問題があります。この世界が健全で理想的な状況にあると思っている人は、世界に一人もいないでしょう。つまり世界劇場ということでいえば、この劇の脚本は全然ダメな脚本だということです。

したがって、この世界劇場の脚本は書き換えられなければならないわけですが、ここで浮上してくるのが「誰がその脚本を書き換えるのか」という論点です。

というのも脚本に口出しできる人は、そう多くはないからです。テレビドラマの制作を考えてみればわかりやすい。脚本の修正に口を出せるのは橋田壽賀子クラスの大物脚本家か監督、それに泉ピン子クラスの大物俳優だけでしょう。

しかし、少し考えてみればすぐにわかることですが、まず、この社会で活躍している人、つまり花形役者には脚本を変更するインセンティブがありません。彼らは、いわば世界劇場における「脚本の歪み」ゆえにさまざまな利益を享受しているわけで、脚本の「歪み」を是正するインセンティブがないのです。これは監督や脚本家についても同様で、世界の脚本に口出しできる立場にある人はやはり同様にそれを改変するインセンティブを持ちません。

一方で、今の世界劇場に完全には適応できていない人、端役を押し付けられた大根役者にはもちろん、脚本を改変するインセンティブがあるわけですが、多くの大根役者は「脚本の歪み」を是正することよりも、「どうやったら自分も花形役者になれるのか」という問題ばかりに気をとられて花形役者から搾取されるいいカモになっており、ますます脚本の歪みを強固にしてしまっています。

結局のところ、この劇の脚本を書き換えるには、舞台の上で適切に振る舞うことでしたたかに発言力・影響力を高めながら、脚本そのものへの批判的な眼差しは失わないという二重性を持った人によるしかありません。[*88] そして、そのような二重性を破綻なく持った人物[*89]こそが、システムの改変を担うニュータイプだということになります。

まとめ

- 現在の社会システムに適応し、その中で勝者になろうとする人が後を絶たないが、こういう思考様式を持つオールドタイプが増えれば増えるほど、現代の社会システムは根強く残存することになる。
- 現在の社会システムは、拡大する貧富の格差、地域間での生活・文化水準の乖離、地球環境に対する負荷の増大など、大きな問題を抱えており、このシステムが強固に残存されることは看過できない。
- システムに最適化することで美味しいポジションを独占しようとするオールドタイプの行動様式は、今後、環境変化が激しくなることでむしろ過剰最適化の問題を招くことになる。このような社会にあっては、「貨幣」よりも、本質的な「価値」を見据えて自分の居場所を作ろうとするニュータイプの方が、はるかに長期的にサスティナブルなキャリアを歩むことができる。

●オールドタイプが「システムに最適化する」か、「システムを全否定してリプレースしようとする」かのどちらかであるのに対して、ニュータイプは、システムに一応は適応してシステム内での発言力・影響力を蓄えながら、システムの持つ課題を見据え、システムを改変するために運動する。

＊80 中西輝政『本質を見抜く「考え方」』より。

＊81 中西輝政（1947年6月18日～）は、日本の歴史学者、国際政治学者。京都大学名誉教授。専門は国際政治史、文明史。

＊82 ちなみに「世の中が一気に悪くなる」ケースでは、大きな権力によるトップダウンが働いているケースが多い。ヒトラー、スターリン、ポル・ポトなどを思い返してほしい。それらはすべて「善意という虚妄に囚われた巨大な権力者」によって駆動されたイニシアチブによって達成されている。

＊83 マックス・ヴェーバー（1864年4月21日～1920年6月14日）ドイツの政治学者・社会学者・経済学者。

＊84 https://www.forbes.com/sites/bernardmarr/2017/10/26/data-driven-decision-making-beware-of-the-hippo-effect/#7a9e793c80f9

＊85 落合陽一『日本再興戦略』P74より。

＊86 エルネスト・チェ・ゲバラ（1928年6月14日～1967年10月9日）。アルゼンチン生まれの政治家、革命家。キューバ革命におけるゲリラ指導者。

＊87 マルティン・ハイデガー（1889年9月26日～1976年5月26日）。ドイツの哲学者。主著は『存在と時間』。20世紀大陸哲学における最重要な哲学者の一人。1930年代にナチスへ協力したことで大きな批判を受けた。

＊88 本然的に「善い」を志向するはずの人が集まってできた社会が、なぜかくも生きにくい世界になっているのか。近代以降の哲学者のほとんどがこの問題について考察し、何らかの提案を行った。私たちの多くが親しんでいる夏目漱石の『行人』には「生きづらさ」に煩悶する主人公の兄が「自分はこの先、自殺するか、発狂するか、宗教に入るかしかない」と激言するが、これはニーチェやキルケゴールやデュルケムやハイデガーが指摘したのと基本的に同じ結論である。しかし、筆者はぜひとも4番目のオプションとして「眈落せず、自殺もせずにしたたかに生きる」という道を提唱したい。

＊89　矛盾は一般にネガティブなものとして忌避されるが、システムのカタストロフィを避けるためにはとても重要な概念だと思っている。スコット・フィッツジェラルドは一流の作家の条件として「相反する2つの思想を自分の内側に持ったまま、精神的に破綻せずにへっちゃらでいられること」と述べたそうだが、これを端的に言えば「いい加減な人」ということになり、つまりは平気で矛盾したことを言ったりやったりできる人、ということになる。ユヴァル・ノヴァ・ハラリも、世界的なベストセラーとなった『サピエンス全史』において、「矛盾する信念や価値観」こそが文化の形成にとって必須のものだったと指摘している。

おわりに

本書を閉じるにあたって、読者の皆さんに考えていただきたい質問があります。それは、

「人類がスペースコロニーに移住するとしたら、日本の文化遺産の中から、何を持っていきたいと思いますか？」

という質問です。

私はこの質問を、小学校での講演、大学の講義、企業人が集まるワークショップなど、さまざまな場所で参加者に投げかけているのですが、答えの傾向はいつも同じです。すなわち、回答としてあげられるモノの8～9割が、18世紀以前に作られたものだということです。

私たちは20世紀を通じて、生産性の爆発的な向上を達成したと、一般的には言われています。しかし、その向上した生産性によって生み出されたモノは、必ずしも私たちが未来の人類に対して譲り渡していきたいと思えるようなものではない、ということです。

これは一体、どういうことなのでしょうか？　18世紀以前の社会と現代の社会を生産性という観点で比較してみましょう。

まず、労働力について確認すれば、江戸時代の人口が、最盛期の元禄時代でも3000万人程度だったのに対して、現在の日本の人口は1億2000万人、つまり4倍となっています。

さらに指摘すれば、江戸時代の人々の一般的な労働時間が1日3~4時間程度であったのに対して、現在の日本人はおおむね7~8時間、つまり倍の時間を働いています。しかも、多くの人が心身を耗弱させるようにして働いており、仕事を苦にして心を病んでしまう、果ては自死してしまう人が後を絶ちません。つまり、人口が4倍、労働時間が倍ということで、トータルで8倍の労働量を投入している上に、高いレベルの精神的負荷にも苛まれているということです。

さらに消費エネルギーという点については、江戸時代の石油資源消費量がゼロであるのに対して、現在の日本では一人当たり年間で10キロカロリーの石油資源を消費しています。また環境への負荷という点については、江戸時代が完全な循環型のサスティナブル社会であったのに対して、現在は地球温暖化がのっぴきならない問題として眼前に迫っており、また半世紀前にも水俣病やイタイイタイ病などのさまざまな公害が各地で大きな悲劇を巻き起こしました。

このように考えていくと、私たちが経済学や歴史の教科書で学んだ「生産性の向上」というのは、いったい何だったのか?　と考えこまざるを得ません。

膨大な人的資源を投入し、鉱物や石油などの地球資源を蕩尽《とうじん》するようにして生み出した「生産物」の多くについて、私たちはそれらを子孫に対してぜひとも残していくべきだとは考えていない、ということです。子孫に対して残さなくてもいいモノ、私たちの代で処分してしまっていいモノ、つまり「ゴミ」ということです。これだけの労働量と資源を投入して、私たちはせっせと「ゴミ」を生み出し続けているのです。

人間は意味を食べて生きる生き物ですが、ゴミを作り、売ることに意味は見出せません。意味のないことをやらされた人間は必ず壊れてしまいます。日本をはじめとした先進諸国において精神を病む人がここまで増えているのは、多くの人が「ゴミを作り、売る」ということに対して「意味」を見いだせていないからでしょう。

現在、テクノロジーの進化はいよいよその勢いを高めており、表面的な意味での、いわゆる「生産性」は、今後も高まっていくことになるのでしょう。ここで問題になるのは、それを使う人間の側の「ヒューマニティ」がまったく進化していない、むしろ趨勢としては100年前に比べて退化しているという点です。テクノロジーがより大きな力を持つようになる一方で、それを使いこなす側の私たちはむしろ退化しているのです。このような状況が続けば、私たちは過去の100年にわたって繰り返し行ってきた愚行をさらに加速させ、より高い「生産性」でもって壮大なゴミを生み出し続けることになるでしょう。

何が問題なのでしょうか。資本主義というシステムに根本的な問題があると指摘する人もいます。確かに資本主義というシステムがこの状況を生み出すことに大きく寄与していることは間違いありません。しかし、すでに本書で指摘した通り、筆者としては、これを全否定したところで仕方がないだろうと考えています。このような考え方、つまり「これがダメだからアレに変えよう」という「オルタナティブ」の考え方は、対象となるシステムに悪化の真因を求め、それを別のシステムに切り替えることで解決しようという20世紀的オールドタイプの考え方で、大変安易で手軽ではありますが、結局は問題の根本を解決できません。

現在の私たちが直面している状況を「システムの問題」として処理することはできません。結局のところ、システムをどのようなものに変えたとしても、その中で働く人々の意識が変わらなければ、この状況が変わることはないのです。もし、私たちの社会が、その膨大な労力に見合わない程度の不毛な成果しか生み出せていないのであれば、それはとりもなおさず、その中で働いている私たちが、そのことに対してあまりにも無自覚であり無批判であったからだという事実を、まずは眼前に据えることがすべての前提となります。

２０１９年5月1日、平成から令和へと改元されました。時代はどのようにして変化していくのか、という問いに対して、歴史家・美術史家であるエルンスト・ゴンブリッチは15世紀に発生したルネサンスを例にとって次のように言っています。

ある日とつぜん馬に乗ったラッパ手が街にあらわれて「みなさん、新しい時代がはじまりましたよ」と告げてまわったら、どんなにすばらしいことだろう。しかし、現実にはそのようなことは起こらない。人間は見方を変えているのだが、自身ではそのことに気がついていない。そしてあるときとつぜんそれに、古いノートを開いたときのきみのように、気がつくのだ。そして得意になり、「おれたち

は新しい時代に生きている」という。さらにしばしば、「むかしの人間はおろかだった」とつけ加える。

――エルンスト・H・ゴンブリッチ『若い読者のための世界史』

ゴンブリッチによれば「新しい時代への転換」は、オールドタイプがかつて目指したような「ファンファーレを伴ったシステムのリプレース」によってなされるのではなく、誰もが気づかないうちに「人間の見方」が変わることで起きます。人それぞれの思考・行動様式が、オールドタイプのそれからニュータイプのそれへと変換することで、新しい時代への転換が起きる、というのがゴンブリッチの指摘です。

私たちが今、時代の転換期にあるのだとすれば、私たちの「人間の見方」もまた、静かにアップデートされることになるのでしょう。願わくは、読者の皆さんには、本書をたたき台として、自分なりの「新しい時代の要件＝ニュータイプ」について考えていただき、20世紀的な価値観や労働観に縛られない、しなやかで自由な、新しい人生のあり方を実践していただければと思います。

２０１９年６月

山口 周

［著者］
山口 周（やまぐち・しゅう）
1970年東京都生まれ。独立研究者、著作家、パブリックスピーカー。ライプニッツ代表。慶應義塾大学文学部哲学科、同大学院文学研究科修了。電通、ボストン コンサルティング グループ等で戦略策定、文化政策、組織開発などに従事。
『世界のエリートはなぜ「美意識」を鍛えるのか？』（光文社新書）でビジネス書大賞2018準大賞、HRアワード2018最優秀賞（書籍部門）を受賞。その他の著書に、『劣化するオッサン社会の処方箋』『世界で最もイノベーティブな組織の作り方』『外資系コンサルの知的生産術』『グーグルに勝つ広告モデル』（岡本一郎名義）（以上、光文社新書）、『外資系コンサルのスライド作成術』（東洋経済新報社）、『知的戦闘力を高める 独学の技法』（ダイヤモンド社）、『武器になる哲学』（KADOKAWA）など。神奈川県葉山町に在住。

ニュータイプの時代
——新時代を生き抜く24の思考・行動様式

2019年7月3日　第1刷発行
2019年7月19日　第2刷発行

著　者——山口 周
発行所——ダイヤモンド社
〒150-8409　東京都渋谷区神宮前6-12-17
http://www.diamond.co.jp/
電話／03･5778･7232（編集）　03･5778･7240（販売）

装丁————井上新八
本文デザイン・DTP—二ノ宮匡（ニクスインク）
帯写真———今井康一
校正————鷗来堂＋三森由紀子
製作進行——ダイヤモンド・グラフィック社
印刷————信毎書籍印刷（本文）・新藤慶昌堂（カバー）
製本————ブックアート
編集担当——市川有人

ISBN 978-4-478-10834-5